Smaka på Indien 2023

Utforska den Färgstarka och Smakrika Indiska Matkulturen

Priya Sharma

Innehåll

fylld aubergine 17
   Ingredienser 17
   metod 17
Sarson också Saag 18
   Ingredienser 18
   metod 19
Shahi Paneer 20
   Ingredienser 20
   metod 21
Tandoori potatis 22
   Ingredienser 22
   metod 22
majs curry 24
   Ingredienser 24
   metod 25
Grön paprika masala 26
   Ingredienser 26
   metod 27
Flaska kalebass utan olja 28
   Ingredienser 28
   metod 28
Okra med yoghurt 29
   Ingredienser 29

metod 30
Stekt Karela 31
   Ingredienser 31
   metod 32
Kål med ärtor 33
   Ingredienser 33
   metod 33
Potatis i tomatsås 34
   Ingredienser 34
   metod 34
Döda Palak 35
   Ingredienser 35
   metod 36
Masala kål 37
   Ingredienser 37
   metod 38
Aubergine curry 39
   Ingredienser 39
   metod 40
Simla Mirchka Bharta 41
   Ingredienser 41
   metod 42
Snabb pumpa curry 43
   Ingredienser 43
   metod 43
Kaala Chana Curry 44
   Ingredienser 44

metod 45
Kaline 46
    Ingredienser 46
    metod 47
Blomkål tandoori 48
    Ingredienser 48
    metod 48
Kryddig Kaala Chana 49
    Ingredienser 49
    metod 50
Tur Dhal Kofta 51
    Ingredienser 51
    metod 51
Shahi blomkål 52
    Ingredienser 52
    metod 53
Gojju okra 54
    Ingredienser 54
    metod 54
Sylt i grön sås 55
    Ingredienser 55
    Till såsen: 55
    metod 56
Simla Mirchki Sabzi 57
    Ingredienser 57
    metod 58
Blomkålscurry 59

Ingredienser 59

metod 60

Haq 61

Ingredienser 61

metod 62

torkad blomkål 63

Ingredienser 63

metod 63

grönsakskorma 64

Ingredienser 64

metod 65

Stekt aubergine 66

Ingredienser 66

Till marinaden: 66

metod 66

röd tomat curry 67

Ingredienser 67

metod 68

Curry Aloo Matar 69

Ingredienser 69

metod 70

Baingan av Badshahi 71

Ingredienser 71

metod 72

Potatis i garam masala 73

Ingredienser 73

metod 73

Tamil Korma 74
    Ingredienser 74
    För kryddblandningen: 74
    metod 75
Torka aubergine med lök och potatis 76
    Ingredienser 76
    metod 76
Koftas Lajawab 77
    Ingredienser 77
    För Koftas: 77
    metod 78
Teekha Baingan Masala 79
    Ingredienser 79
    metod 79
grönsakskofta 80
    Ingredienser 80
    metod 81
torkad pumpa 82
    Ingredienser 82
    metod 82
Grönsaksblandning med bockhornsklöver 83
    Ingredienser 83
    metod 84
Dum Gobhi 85
    Ingredienser 85
    metod 85
kole 86

Ingredienser 86
metod 87
Aubergine curry med lök och potatis 89
Ingredienser 89
metod 90
En enkel flaska kalebass 91
Ingredienser 91
metod 91
Blandad grönsakscurry 92
Ingredienser 92
metod 93
Torkade blandade grönsaker 94
Ingredienser 94
metod 95
Torka potatisen och ärtorna 96
Ingredienser 96
metod 96
Dhokar Dhalna 97
Ingredienser 97
metod 98
Kryddig potatischips 99
Ingredienser 99
metod 99
Pumpa med kokt gram 100
Ingredienser 100
metod 101
Dumt aloo 102

Ingredienser	102
Till pastan:	102
metod	103
Grönsak Makkhanwala	104
Ingredienser	104
metod	105
Franska bönor med mung dhal	106
Ingredienser	106
metod	106
Kryddig potatis med yoghurtsås	107
Ingredienser	107
metod	108
Fylld grön paprika	109
Ingredienser	109
metod	110
Doi Phulkop Aloo	111
Ingredienser	111
metod	112
Grön paprika med besan	113
Ingredienser	113
metod	113
Aubergine med ärtor	115
Ingredienser	115
metod	116
Bandakopiator Ghonto	117
Ingredienser	117
metod	118

Dal Bukhara 119
   Ingredienser 119
   metod 120
Methi Dahal 121
   Ingredienser 121
   För smaksättning: 122
   metod 122
malaysiska kofta 123
   Ingredienser 123
   För Koftas: 124
   metod 124
Aloo Palak 126
   Ingredienser 126
   metod 127
Dum också Karela 128
   Ingredienser 128
   För fyllningen: 128
   För smaksättning: 129
   metod 129
Navratna curry 131
   Ingredienser 131
   För kryddblandningen: 132
   metod 132
Blandade grönsaker i kofta tomat curry 134
   Ingredienser 134
   Till curryn: 134
   metod 135

Muthia i vit sås 136
    Ingredienser 136
    För Muthias: 137
    metod 137
brun curry 138
    Ingredienser 138
    metod 139
diamant curry 140
    Ingredienser 140
    Till diamanterna: 140
    metod 141
grönsaksgryta 142
    Ingredienser 142
    metod 143
Svampärt curry 144
    Ingredienser 144
    metod 145
Navratan Korma 146
    Ingredienser 146
    metod 147
Sindhi Sai Bhaji* 148
    Ingredienser 148
    metod 149
Nawabs betor 150
    Ingredienser 150
    metod 151
Baghara Baingan 152

Ingredienser 152
metod 153
Ångkokt morot Kofta 154
Ingredienser 154
För Kofta: 154
Till pastan: 155
metod 156
dhingri shabnam 157
Ingredienser 157
För fyllningen: 157
Till såsen: 157
metod 158
Xacuttisvamp 160
Ingredienser 160
metod 161
Paneer och Corn Curry 162
Ingredienser 162
metod 163
Basant Bahar 164
Ingredienser 164
Till såsen: 165
metod 165
Palak Kofta 167
Ingredienser 167
För Kofta: 167
Till såsen: 167
metod 168

Kofta Kål 170
    Ingredienser 170
    För Kofta: 170
    Till såsen: 170
    metod 171
sticka 172
    Ingredienser 172
    metod 173
Paneer eller masala 174
    Ingredienser 174
    Till såsen: 174
    metod 175
Mor Kolambu 177
    Ingredienser 177
    För kryddblandningen: 177
    metod 178
Aloo Gobhi aur Methi ka Tuk 179
    Ingredienser 179
    metod 180
En fågel 181
    Ingredienser 181
    metod 182
Kärnmjölkscurry 183
    Ingredienser 183
    metod 184
Blomkålsgrädde med curry 185
    Ingredienser 185

metod 186
användningen av ärter 187
Ingredienser 187
metod 188
Hej Posto 189
Ingredienser 189
metod 189
Gröna kräksjuka 190
Ingredienser 190
metod 191
döda Paneer 192
Ingredienser 192
metod 193
Dahi Karela 194
Ingredienser 194
metod 195
Tomatcurry med grönsaker 196
Ingredienser 196
metod 196
Doodhi med Chana Dhal 197
Ingredienser 197
metod 198
Tomat Chi Bhaji* 199
Ingredienser 199
metod 200
torkad potatis 201
Ingredienser 201

metod	201
Fylld okra	203
Ingredienser	203
metod	203
Masala Okra	205
Ingredienser	205
metod	205
bara döda	206
Ingredienser	206
metod	207
Gröna bönor	208
Ingredienser	208
metod	208
Masala trumpinnar	209
Ingredienser	209
metod	210
Torka kryddig potatis	211
Ingredienser	211
metod	212
Khatte Palak	213
Ingredienser	213
metod	214

fylld aubergine

för 4 personer

Ingredienser

10 små auberginer

1 stor lök, finhackad

3 matskedar riven färsk kokos

1 tsk malen spiskummin

1 tsk chilipulver

50 g korianderblad, hackade

Saften av 1 citron

Salt att smaka

3 matskedar raffinerad vegetabilisk olja

metod

- Gör ett kors på ena änden av varje aubergine med en kniv och skiva, lämna den andra änden oskuren. Att lägga åt sidan.

- Blanda resten av ingredienserna förutom oljan. Fyll denna blandning med skivade auberginer.

- Hetta upp olja i en panna. Tillsätt aubergine och stek på medelvärme i 3-4 minuter. Täck över och koka i 10 minuter, vänd försiktigt på auberginerna då och då. Servera varm.

Sarson också Saag

(senap i sås)

för 4 personer

Ingredienser

3 matskedar raffinerad vegetabilisk olja

100 g senapsgröt, hackad

200 g finhackad spenat

3 gröna chili, skivade på längden

1 cm ingefärsrot, skuren i julienne

2 vitlöksklyftor, hackade

Salt att smaka

250 ml vatten

2 matskedar ghee

eller en droppe

metod

- Hetta upp olja i en kastrull. Tillsätt senap, spenat och grön chili. Stek dem på medelvärme i någon minut.

- Tillsätt ingefära, vitlök, salt och vatten. Blanda väl. Koka i 10 minuter på låg värme.

- Mixa blandningen i en mixer tills den är slät.

- Lägg i en kastrull och koka på medelvärme i 15 minuter.

- Garnera med smör. Servera varm.

Shahi Paneer

(paneer i en rik sås)

för 4 personer

Ingredienser

4 matskedar raffinerad vegetabilisk olja

500 g / 1 lb 2 oz paneer*, Hackad

2 stora lökar, malda till en pasta

1 tsk ingefärspasta

1 tsk vitlökspasta

1 tsk chilipulver

300 gram tomatpuré

200 g yoghurt, vispad

250 ml / 8 fl oz flytande grädde

Salt att smaka

metod

- Hetta upp 1 matsked olja i en kastrull. Lägg till paneldelarna. Stek dem på medelvärme tills de är gyllenbruna. Töm och förvara.

- Häll resterande olja i samma kastrull. Tillsätt lök, ingefärspasta och vitlökspasta. Stek i en minut. Tillsätt paneer och resten av ingredienserna. Sjud i 5 minuter, rör om då och då. Servera varm.

Tandoori potatis

för 4 personer

Ingredienser

16 stora potatisar, skalade

Raffinerad vegetabilisk olja för stekning

3 matskedar finhackade tomater

1 msk hackade korianderblad

1 tsk garam masala

100 g riven cheddarost

Salt att smaka

Saften av 2 citroner

metod

- Ta ut potatisen. Spara fruktköttet och de ihåliga delarna.

- Hetta upp olja i en panna. Tillsätt den urholkade potatisen. Stek dem på medelvärme tills de är gyllenbruna. Att lägga åt sidan.

- Tillsätt den plockade potatisen och alla övriga ingredienser utom citronsaften i samma olja. Sjud på låg värme i 5 minuter.

- Fyll potatishålorna med denna blandning.

- Grädda den fyllda potatisen i en 200°C ugn (400°F, gasmark 6) i 5 minuter.

- Ringla citronsaft över potatisen. Servera varm.

majs curry

för 4 personer

Ingredienser

1 stor potatis, kokt och mosad

500 gram tomatpuré

3 matskedar raffinerad vegetabilisk olja

8 curryblad

2 matskedar bönor*

1 tsk ingefärspasta

½ tsk gurkmeja

Salt att smaka

1 tsk garam masala

1 tsk chilipulver

3 teskedar socker

250 ml vatten

4 majskolvar, skurna i 3 bitar vardera och kokade

metod

- Blanda potatismoset väl med tomatpurén. Att lägga åt sidan.

- Hetta upp olja i en kastrull. Tillsätt curryblad. Låt dem bli knapriga i 10 sekunder. Tillsätt besan ingefärspasta. Stek på låg värme tills de är gyllenbruna.

- Tillsätt potatis- och tomatblandningen och alla övriga ingredienser utom majs. Koka på låg värme i 3-4 minuter.

- Tillsätt cornflakes. Blanda väl. Koka på låg värme i 8-10 minuter. Servera varm.

Grön paprika masala

för 4 personer

Ingredienser

1½ matskedar raffinerad vegetabilisk olja

1 tsk garam masala

¼ tesked gurkmeja

½ tsk ingefärspasta

½ tsk vitlökspasta

1 stor lök, finhackad

1 tomat, finhackad

4 stora gröna paprikor, finhackade

125 g yoghurt

Salt att smaka

metod

- Hetta upp olja i en kastrull. Tillsätt garam masala, gurkmeja, ingefärspasta och vitlökspasta. Stek denna blandning på medelvärme i 2 minuter.

- Tillsätt lök. Stek tills det är genomskinligt.

- Tillsätt tomat och grön paprika. Stek i 2-3 minuter. Tillsätt yoghurt och salt. Blanda väl. Grädda i 6-7 minuter. Servera varm.

Flaska kalebass utan olja

för 4 personer

Ingredienser

500 g / 1 lb 2 oz flaska kalebass*, skalad och hackad

2 tomater, fint hackade

1 stor lök, finhackad

1 tsk ingefärspasta

1 tsk vitlökspasta

2 gröna chili finhackad

½ tsk mald koriander

½ tsk malen spiskummin

25 g korianderblad, fint hackade

120 ml vatten

Salt att smaka

metod

- Blanda ihop alla ingredienserna. Koka i en kastrull på låg värme i 20 minuter. Servera varm.

Okra med yoghurt

för 4 personer

Ingredienser

3 matskedar raffinerad vegetabilisk olja

½ tsk spiskummin

500 g okra, hackad

½ tsk chilipulver

¼ tesked gurkmeja

2 gröna chili, skivade på längden

1 tsk ingefära, skivad i strimlor

200 gram yoghurt

1 tsk Kissan*, löst i 1 matsked vatten

Salt att smaka

1 msk finhackade korianderblad

metod

- Hetta upp olja i en kastrull. Tillsätt spiskummin. Låt det puttra i 15 sekunder.

- Tillsätt okra, chilipulver, gurkmeja, grön chili och ingefära.

- Sjud på låg värme i 20 minuter, rör om då och då.

- Tillsätt yoghurt, bönblandning och salt. Koka i 5 minuter.

- Garnera okran med korianderblad. Servera varm.

Stekt Karela

(Stekt bitter kalebass)

för 4 personer

Ingredienser

4 medelbeska kalebasser*

Salt att smaka

1½ matskedar raffinerad vegetabilisk olja

½ tsk senapsfrön

½ tsk gurkmeja

½ tsk ingefärspasta

½ tsk vitlökspasta

2 stora lökar, fint hackade

½ tsk chilipulver

¾ tsk farinsocker*, riven

metod

- Skala de bittra kalebasserna och halvera dem på längden. Kassera fröna och skiva båda halvorna tunt. Tillsätt salt och låt stå i 20 minuter. Krama ur vattnet. Ställ åt sidan igen.
- Hetta upp olja i en kastrull. Tillsätt senapsfrön. Låt det puttra i 15 sekunder.
- Tillsätt resten av ingredienserna och stek på medelvärme i 2-3 minuter. Tillsätt bitter kalebass. Blanda väl. Koka i 5 minuter på låg värme. Servera varm.

Kål med ärtor

för 4 personer

Ingredienser

1 matsked raffinerad vegetabilisk olja

1 tsk senapsfrön

2 gröna chili, skivade på längden

¼ tesked gurkmeja

400 g kål, finriven

125 g färska ärtor

Salt att smaka

2 matskedar riven kokos

metod

- Hetta upp olja i en kastrull. Tillsätt senapsfrön och grön chili. Låt det puttra i 15 sekunder.
- Tillsätt resten av ingredienserna förutom kokosen. Koka i 10 minuter på låg värme.
- Tillsätt kokos. Blanda väl. Servera varm.

Potatis i tomatsås

för 4 personer

Ingredienser

2 matskedar raffinerad vegetabilisk olja

1 tsk spiskummin

en nypa asafoetida

½ tsk gurkmeja

4 stora potatisar, kokta och hackade

4 tomater, fint hackade

1 tsk chilipulver

Salt att smaka

1 msk hackade korianderblad

metod

- Hetta upp olja i en kastrull. Tillsätt spiskummin, asafetida och gurkmeja. Låt det puttra i 15 sekunder.
- Tillsätt resten av ingredienserna förutom korianderbladen. Blanda väl. Koka i 10 minuter på låg värme. Garnera med korianderblad. Servera varm.

Döda Palak

(ärtor och spenat)

för 4 personer

Ingredienser

400 g spenat, ångad och hackad

2 gröna chili

4-5 matskedar raffinerad vegetabilisk olja

1 tsk spiskummin

1 nypa asafoetida

1 tesked gurkmeja

1 stor lök, finhackad

1 tomat, finhackad

1 stor potatis, tärnad

Salt att smaka

200 g gröna ärtor

metod

- Mal spenaten och chilin tills du får en fin deg. Att lägga åt sidan.
- Hetta upp olja i en kastrull. Tillsätt spiskummin, asafetida och gurkmeja. Låt det puttra i 15 sekunder.
- Tillsätt lök. Stek på medelvärme tills det är genomskinligt.
- Tillsätt resten av ingredienserna. Blanda väl. Sjud på låg värme i 7-8 minuter, rör om då och då.
- Tillsätt spenatnudlarna. Koka i 5 minuter på låg värme. Servera varm.

Masala kål

(kryddig kål)

för 4 personer

Ingredienser

3 matskedar raffinerad vegetabilisk olja

1 tsk spiskummin

¼ tesked gurkmeja

1 tsk vitlökspasta

1 tsk ingefärspasta

1 stor lök, finhackad

1 tomat, finhackad

½ tsk chilipulver

Salt att smaka

400 g kål, finhackad

metod

- Hetta upp olja i en kastrull. Tillsätt spiskummin och gurkmeja. Låt det puttra i 15 sekunder. Tillsätt vitlökspasta, ingefärspasta och lök. Stek på medelvärme i 2-3 minuter.
- Tillsätt tomater, chilipulver, salt och kål. Blanda väl. Täck med lock och koka på låg värme i 10-15 minuter. Servera varm.

Aubergine curry

för 4 personer

Ingredienser

4 gröna chili

1 tum ingefära rot

50 g korianderblad, hackade

3 matskedar raffinerad vegetabilisk olja

1 tsk mango dahal*

1 tsk uradda*

1 tsk spiskummin

½ tsk senapsfrön

500 g små auberginer, skurna i 5 cm bitar

½ tsk gurkmeja

1 tsk tamarindpasta

Salt att smaka

250 ml vatten

metod

- Mal grön chili, ingefära och korianderblad. Att lägga åt sidan.
- Hetta upp olja i en kastrull. Tillsätt mung dhal, urad dhal, spiskummin och senapsfrön. Låt dem fräsa i 20 sekunder.
- Tillsätt resten av ingredienserna och ingefära chilipasta. Blanda väl. Täck över och låt sjuda i 10 minuter, rör om då och då. Servera varm.

Simla Mirchka Bharta

(chilipeppar)

för 4 personer

Ingredienser

3 medelstora gröna paprikor

3 medelstora röda paprikor

3 matskedar raffinerad vegetabilisk olja

2 stora lökar, fint hackade

6 finhackade vitlöksklyftor

2,5 cm ingefärsrot, finhackad

½ tsk chilipulver

¼ tesked gurkmeja

2 tomater, hackade

1 tesked salt

1 msk hackade korianderblad

metod

- Grilla grön och röd paprika i 5-6 minuter. Vänd dem ofta för att säkerställa att de kokar jämnt.
- Skala av det brända skalet, ta bort stjälkar och frön och skär paprikan i små bitar. Att lägga åt sidan.
- Hetta upp olja i en kastrull. Tillsätt lök, vitlök och ingefära. Stek dem på medelvärme tills löken är gyllenbrun.
- Tillsätt chilipulver, gurkmeja, tomater och salt. Stek blandningen i 4-5 minuter.
- Tillsätt paprika. Blanda väl. Täck med lock och koka på låg värme i 30 minuter.
- Garnera grönsakerna med korianderblad. Servera varm.

Snabb pumpa curry

för 4 personer

Ingredienser

1 medium flaska kalebass*, skalad och hackad

1 stor lök, finhackad

60 g finhackade tomater

4-5 hackade vitlöksklyftor

1 matsked tomatsås

1 matsked torkade bockhornsklöverblad

½ tsk gurkmeja

¼ tesked nymalen svartpeppar

2 matskedar mjölk

Salt att smaka

1 msk hackade korianderblad

metod

- Koka alla ingredienser, utom korianderblad, i en kastrull på medelhög värme i 20 minuter, rör om då och då. Täck med lock.
- Blanda blandningen väl. Garnera med korianderblad. Servera varm.

Kaala Chana Curry

(Svart kikärtscurry)

för 4 personer

Ingredienser

250g / 9oz Kaala Chana*, blötlagd över natten

en nypa bakpulver

Salt att smaka

1 liter vatten

1 liten lök

1 tum ingefära rot

1 msk ghee

1 tomat, hackad

½ tsk gurkmeja

½ tsk chilipulver

8-10 curryblad

1 msk tamarindpasta

metod

- Blanda chana med bakpulver, salt och hälften vatten. Koka i en kastrull på medelvärme i 45 minuter. Skiva och reservera.
- Mal lök och ingefära tills du får en pasta.
- Värm ghee i en kastrull. Tillsätt lök-ingfärspasta och fräs tills den är gyllenbrun.
- Tillsätt chanablandningen och resten av ingredienserna. Blanda väl. Sjud på låg värme i 8-10 minuter, rör om då och då. Servera varm.

Kaline

(grönsaksblandning i mjölk)

för 4 personer

Ingredienser

750 ml / 1¼ liter mjölk

2 gröna bananer, skalade och hackade

Pumpaflaska 250g / 9oz*, Hackad

100 g hackad kål

2 tomater, hackade

1 stor grön paprika, hackad

1 tsk tamarindpasta

1 tsk mald koriander

1 tsk malen spiskummin

2 tsk chilipulver

2 teskedar farinsocker*, riven

100 g / 3½ oz korianderblad, fint hackade

2 matskedar khoya*

Salt att smaka

1 msk finhackade korianderblad

metod

- Värm mjölken i en kastrull på medelhög värme tills den börjar koka. Tillsätt banan och pumpa. Blanda väl. Koka i 5 minuter.
- Tillsätt resten av ingredienserna förutom korianderbladen. Blanda väl. Sjud på låg värme i 8-10 minuter, rör om ofta.
- Garnera med Kalina korianderblad. Servera varm.

Blomkål tandoori

för 4 personer

Ingredienser

1½ tsk chilipulver

1½ tsk garam masala

Saften av 2 citroner

100 gram yoghurt

svart salt efter smak

1 kg blomkålsbuketter

metod

- Blanda alla ingredienser utom blomkålen. Marinera sedan blomkålen med denna blandning i 4 timmar.
- Grädda i en förvärmd ugn vid 200°C (400°F, gasmark 6) i 5-7 minuter. Servera varm.

Kryddig Kaala Chana

för 4 personer

Ingredienser

500 g / 1 lb 2 oz Kaala Chana*, blötlagd över natten

500 ml vatten

Salt att smaka

3 matskedar raffinerad vegetabilisk olja

en nypa asafoetida

½ tsk senapsfrön

1 tsk spiskummin

2 tänder

1 cm kanel

¼ tesked gurkmeja

1 tsk mald koriander

1 tsk malen spiskummin

½ tsk garam masala

1 tsk tamarindpasta

1 msk hackade korianderblad

metod

- Koka chana med vatten och salt i en kastrull på medelvärme i 20 minuter. Att lägga åt sidan.
- Hetta upp olja i en kastrull. Tillsätt asafetida och senapsfrön. Låt det puttra i 15 sekunder. Tillsätt den kokta chanan och resten av ingredienserna förutom korianderbladen. Koka på låg värme i 10-15 minuter.
- Garnera den kryddiga Kaala Chana med korianderblad. Servera varm.

Tur Dhal Kofta

(skivade röda gram köttbullar)

för 4 personer

Ingredienser

600 g masoor dhal*, blötlagd över natten

3 finhackad grön chili

3 msk hackade korianderblad

60 g / 2 oz riven kokos

3 matskedar spiskummin

en nypa asafoetida

Salt att smaka

Raffinerad vegetabilisk olja för stekning

metod

- Tvätta dhal och skär i stora bitar. Knåda väl med resten av ingredienserna, förutom oljan, tills en smidig deg bildas. Dela i valnötsstora bollar.
- Hetta upp olja i en kastrull. Tillsätt bollarna och stek på låg värme tills de är gyllenbruna. Låt koftan rinna av och servera varma.

Shahi blomkål

(rik blomkål)

för 4 personer

Ingredienser

8 vitlöksklyftor

1 tum ingefära rot

½ tsk gurkmeja

2 stora lökar, rivna

4 teskedar vallmofrön

2 matskedar ghee

200 g yoghurt, vispad

5 tomater, fint hackade

200 g konserverade ärter

1 tsk socker

2 matskedar tung grädde

Salt att smaka

250 ml vatten

500 g blomkålsbuketter, stekta

8 små potatisar, stekta

metod

- Mal vitlök, ingefära, gurkmeja, lök och vallmofrön till en fin deg. Att lägga åt sidan.
- Värm 1 msk ghee i en kastrull. Tillsätt vallmofröpastan. Stek i 5 minuter. Tillsätt resten av ingredienserna förutom blomkålen och potatisen. Koka i 4 minuter på låg värme.
- Tillsätt blomkål och potatis. Sjud i 15 minuter och servera varm.

Gojju okra

(okrakompott)

för 4 personer

Ingredienser

500 g okra, skivad

Salt att smaka

2 msk raffinerad vegetabilisk olja, plus för stekning

1 tsk senapsfrön

en nypa asafoetida

200 gram yoghurt

250 ml vatten

metod

- Blanda okra med salt. Hetta upp olja i en gryta och stek okran på medelvärme tills den är gyllenbrun. Att lägga åt sidan.
- Hetta upp 2 msk olja. Tillsätt senap och asafetida. Låt det puttra i 15 sekunder. Tillsätt okra, yoghurt och vatten. Blanda väl. Servera varm.

Sylt i grön sås

för 4 personer

Ingredienser

300 g / 10 oz yams*, tunt skivad

1 tsk chilipulver

1 tsk amkrut*

½ tsk mald svartpeppar

Salt att smaka

Raffinerad vegetabilisk olja för stekning

Till såsen:

400 g hackad spenat

100 g flaska kalebass*, riven

en nypa bakpulver

3 gröna chili

2 tsk fullkornsvetemjöl

Salt att smaka

3 matskedar raffinerad vegetabilisk olja

1 cm ingefärsrot, skuren i julienne

1 liten lök finhackad

En nypa mald kanel

En nypa mald kryddnejlika

metod

- Kasta yamskivorna med chilipulver, amchoor, peppar och salt.
- Hetta upp olja i en kastrull. Lägg på yamskivor. Stek dem på medelvärme tills de är gyllenbruna. Töm och förvara.
- Blanda spenat, flaska kalebass och bakpulver till såsen. ånga (se<u>matlagningstekniker</u>) Ånga blandningen på medelvärme i 10 minuter.
- Mal denna blandning med grön chili, mjöl och salt tills du får en halvlen pasta. Att lägga åt sidan.
- Hetta upp olja i en kastrull. Tillsätt ingefära och lök. Stek på medelvärme tills löken blir gyllene. Tillsätt mald kanel, mald kryddnejlika och spenatblandningen. Blanda väl. Sjud på medelhög värme i 8-10 minuter, rör om då och då.
- Tillsätt yams till denna gröna sås. Blanda väl. Täck med lock och koka på svag värme i 4-5 minuter. Servera varm.

Simla Mirchki Sabzi

(torkad grön paprika)

för 4 personer

Ingredienser

2 matskedar raffinerad vegetabilisk olja

2 stora lökar, fint hackade

¾ tsk ingefärspasta

¾ tsk vitlökspasta

1 tsk mald koriander

¼ tesked gurkmeja

½ tsk garam masala

½ tsk chilipulver

2 tomater, fint hackade

Salt att smaka

4 stora gröna paprikor, hackade

1 msk finhackade korianderblad

metod

- Hetta upp olja i en kastrull. Tillsätt lök, ingefärspasta och vitlökspasta. Stek på medelvärme tills löken är gyllenbrun.
- Tillsätt alla resterande ingredienser utom korianderbladen. Blanda väl. Sjud blandningen på låg värme i 10-15 minuter.
- Garnera med korianderblad. Servera varm.

Blomkålscurry

för 4 personer

Ingredienser

3 matskedar raffinerad vegetabilisk olja

1 tsk spiskummin

¼ tesked gurkmeja

1 tsk ingefärspasta

1 tsk mald koriander

1 tsk chilipulver

200 gram tomatpuré

1 tesked strösocker

Salt att smaka

400 g blomkålsbuketter

120 ml vatten

metod

- Hetta upp olja i en kastrull. Tillsätt spiskummin. Låt det puttra i 15 sekunder.
- Tillsätt resten av ingredienserna förutom vattnet. Blanda väl. Lägg till vatten. Täck med lock och koka på låg värme i 12-15 minuter. servera varm

Haq

(spenat curry)

för 4 personer

Ingredienser

1/2 tum ingefära rot, julienned

1 tsk fänkålsfrön, malda

2 matskedar raffinerad vegetabilisk olja

2 torkade röda chili

¼ tesked Asantida

1 grön chili, skivad på längden

Salt att smaka

400 g finhackad spenat

500 ml vatten

metod

- Torkad rostad ingefära och fänkålsfrön. Att lägga åt sidan.
- Hetta upp olja i en kastrull. Tillsätt röd chili, asafetida, grön chili och salt. Stek denna blandning på medelvärme i 1 minut.
- Tillsätt ingefära och fänkålsfröblandning. Stek i en minut. Tillsätt spenat och vatten. Täck med lock och koka på svag värme i 8-10 minuter. Servera varm.

torkad blomkål

för 4 personer

Ingredienser

3 matskedar raffinerad vegetabilisk olja

1 tsk spiskummin

¼ tesked gurkmeja

2 gröna chili finhackad

1 tsk ingefärspasta

½ tsk strösocker

400 g blomkålsbuketter

Salt att smaka

60 ml vatten

10 g / ¼ oz korianderblad, hackade

metod

- Hetta upp olja i en kastrull. Tillsätt spiskummin. Låt det puttra i 15 sekunder.
- Tillsätt gurkmeja, grön chili, ingefärspasta och strösocker. Stek i en minut på medelvärme. Tillsätt blomkål, salt och vatten. Blanda väl. Täck med lock och koka på låg värme i 12-15 minuter.
- Garnera med korianderblad. Servera varm.

grönsakskorma

(grönsaksblandning)

för 4 personer

Ingredienser

3 matskedar raffinerad vegetabilisk olja

1 cm kanel

2 tänder

2 gröna kardemummakapslar

2 stora lökar, fint hackade

¼ tesked gurkmeja

½ tsk ingefärspasta

½ tsk vitlökspasta

Salt att smaka

300 g / 10 oz frysta grönsaker

250 ml vatten

1 tsk vallmofrön

metod

- Hetta upp olja i en kastrull. Tillsätt kanel, kryddnejlika och kardemumma. Låt dem fräsa i 30 sekunder.
- Tillsätt lök, gurkmeja, ingefärspasta, vitlökspasta och salt. Stek blandningen på medelhög värme, under konstant omrörning, i 2-3 minuter.
- Tillsätt grönsaker och vatten. Blanda väl. Täck med lock och låt sjuda i 5-6 minuter, rör om då och då.
- Tillsätt vallmofrön. Blanda väl. Koka på låg värme i ytterligare 2 minuter. Servera varm.

Stekt aubergine

för 4 personer

Ingredienser

500 g / 1 lb 2 oz aubergine, skivad

4 matskedar raffinerad vegetabilisk olja

Till marinaden:

1 tsk chilipulver

½ tsk mald svartpeppar

½ tsk gurkmeja

1 tsk amkrut*

Salt att smaka

1 matsked rismjöl

metod

- Blanda ihop marinadens ingredienser. Marinera aubergineskivorna med denna blandning i 10 minuter.
- Hetta upp olja i en panna. Lägg i aubergineskivorna. Stek dem på låg värme i 7 minuter. Vänd skivorna och stek igen i 3 minuter. Servera varm.

röd tomat curry

för 4 personer

Ingredienser

1 matsked torrrostade jordnötter

1 msk rostade cashewnötter

4 tomater, hackade

1 liten grön paprika, hackad

3 matskedar raffinerad vegetabilisk olja

1 tsk ingefärspasta

1 tsk vitlökspasta

1 stor lök hackad

1½ tsk garam masala

¼ tesked gurkmeja

½ tesked socker

Salt att smaka

metod

- Blanda och mal jordnötter och cashewnötter. Att lägga åt sidan.
- Mal tomater och grönpeppar tillsammans. Att lägga åt sidan.
- Hetta upp olja i en panna. Tillsätt ingefärspasta och vitlökspasta. Stek i en minut på medelvärme. Tillsätt lök, garam masala, gurkmeja, socker och salt. Stek blandningen i 2-3 minuter.
- Tillsätt jordnötscashewblandningen och tomat- och pepparblandningen. Blanda väl. Täck med lock och koka på låg värme i 15 minuter. Servera varm.

Curry Aloo Matar

(potatis och ärtcurry)

för 4 personer

Ingredienser

1½ matskedar raffinerad vegetabilisk olja

1 tsk spiskummin

1 stor lök, finhackad

½ tsk gurkmeja

1 tsk mald koriander

1 tsk malen spiskummin

1 tsk chilipulver

200 gram tomatpuré

Salt att smaka

2 stora potatisar, tärnade

400 gram ärtor

120 ml vatten

metod

- Hetta upp olja i en kastrull. Tillsätt spiskummin. Låt det puttra i 15 sekunder. Tillsätt lök. Stek den på medelvärme tills den är gyllenbrun.
- Tillsätt resten av ingredienserna. Koka i 15 minuter på låg värme. Servera varm.

Baingan av Badshahi

(Aubergine a la Real)

för 4 personer

Ingredienser

8 små auberginer

Salt att smaka

30 gram ghee

2 stora lökar, skivade

1 matsked cashewnötter

1 matsked russin

1 tsk ingefärspasta

1 tsk vitlökspasta

1 tsk mald koriander

1 tsk garam masala

¼ tesked gurkmeja

200 gram yoghurt

1 tsk hackade korianderblad

metod

- Halvera auberginema på längden. Gnid in dem med salt och ställ åt sidan i 10 minuter. Krama ur överflödig fukt och ställ åt sidan igen.
- Värm ghee i en kastrull. Tillsätt lök, cashewnötter och russin. Stek dem på medelvärme tills de är gyllenbruna. Töm och förvara.
- Lägg auberginerna i samma ghee och stek tills de är mjuka på medelvärme. Töm och förvara.
- Tillsätt ingefära pasta och vitlök pasta till samma ghee. Stek i en minut. Blanda i resten av ingredienserna. Koka i 7-8 minuter på medelvärme.
- Tillsätt auberginema. Koka i 2 minuter på låg värme. Garnera med stekt lök, cashewnötter och russin. Servera varm.

Potatis i garam masala

för 4 personer

Ingredienser

3 matskedar raffinerad vegetabilisk olja

1 stor lök, finhackad

10 finhackade vitlöksklyftor

½ tsk gurkmeja

1 tsk garam masala

Salt att smaka

3 stora potatisar, kokta och hackade

240 ml vatten

metod

- Hetta upp olja i en kastrull. Tillsätt lök och vitlök. Stek i 2 minuter.
- Tillsätt resten av ingredienserna och blanda väl. Servera varm.

Tamil Korma

(Blandade grönsaker i tamilsk stil)

för 4 personer

Ingredienser

4 matskedar raffinerad vegetabilisk olja

1 tsk spiskummin

2 stora potatisar, tärnade

2 stora morötter, hackade

100 g gröna bönor, hackade

Salt att smaka

För kryddblandningen:

100 g / 3½ oz färsk kokos, riven

4 gröna chili

100 g korianderblad, hackade

1 tsk vallmofrön

1 tsk ingefärspasta

1 tesked gurkmeja

metod

- Mal alla ingredienserna i kryddblandningen till en slät pasta. Att lägga åt sidan.
- Värm oljan. Tillsätt spiskummin. Låt det puttra i 15 sekunder.
- Tillsätt resten av ingredienserna och den malda kryddblandningen. Sjud på låg värme i 15 minuter, rör om då och då. Servera varm.

Torka aubergine med lök och potatis

för 4 personer

Ingredienser

3 matskedar raffinerad vegetabilisk olja

1 tsk senapsfrön

300 g aubergine, hackad

¼ tesked gurkmeja

3 små lökar, fint hackade

2 stora potatisar, kokta och hackade

1 tsk chilipulver

1 tsk amkrut*

Salt att smaka

metod

- Hetta upp olja i en kastrull. Tillsätt senapsfrön. Låt det puttra i 15 sekunder.
- Tillsätt aubergine och gurkmeja. Stek på låg värme i 10 minuter.
- Tillsätt resten av ingredienserna. Blanda väl. Täck med lock och koka på låg värme i 10 minuter. Servera varm.

Koftas Lajawab

(ostbiffar i sås)

för 4 personer

Ingredienser

3 matskedar raffinerad vegetabilisk olja

3 stora lökar, rivna

2,5 cm ingefärsrot, mald

3 tomater, mosade

1 tesked gurkmeja

Salt att smaka

120 ml vatten

För Koftas:

400 g cheddarost, riven

250 gram majsmjöl

½ tsk nymalen svartpeppar

1 tsk garam masala

Salt att smaka

Raffinerad vegetabilisk olja för stekning

metod

- Blanda ihop alla koftaingredienser utom olja. Dela i valnötsstora bollar. Hetta upp olja i en kastrull. Tillsätt koftas. Stek dem på medelvärme tills de är gyllenbruna. Töm och förvara.
- Hetta upp 3 matskedar olja i en kastrull. Tillsätt löken och fräs tills den är gyllenbrun.
- Tillsätt resten av ingredienserna och blanda väl. Koka i 8 minuter, rör om då och då. Lägg koftas till denna sås och servera varm.

Teekha Baingan Masala

(kryddig aubergine)

för 4 personer

Ingredienser

2 matskedar raffinerad vegetabilisk olja

3 stora lökar, hackade

10 vitlöksklyftor, hackade

1 tum ingefära rot, riven

1 tsk tamarindpasta

2 msk garam masala

Salt att smaka

500 g små auberginer, hackade

metod

- Hetta upp 2 matskedar olja i en kastrull. Tillsätt löken. Stek på medelvärme i 3 minuter. Tillsätt vitlök, ingefära, tamarind, garam masala och salt. Blanda väl.
- Tillsätt auberginema. Blanda väl. Täck över och låt sjuda i 15 minuter, rör om då och då. Servera varm.

grönsakskofta

(grönsaksköttbullar i gräddsås)

för 4 personer

Ingredienser

6 stora potatisar, skalade och hackade

3 stora morötter, skalade och hackade

Salt att smaka

mjöl för pensling

2 msk raffinerad vegetabilisk olja, plus för stekning

3 stora lökar, tunt skivade

4 finhackade vitlöksklyftor

2,5 cm ingefärsrot, finhackad

4 nejlikor, hackade

½ tsk gurkmeja

2 tomater, mosade

1 tsk chilipulver

4 msk dubbelkräm

25 g korianderblad, hackade

metod

- Koka potatis och morötter i saltat vatten i 15 minuter. Häll av och reservera buljongen. Salta och puré grönsakerna.
- Dela purén i citronstora bollar. Täck med mjöl och stek koftan i olja på medelvärme tills den är gyllenbrun. Att lägga åt sidan.
- Hetta upp 2 matskedar olja i en kastrull. Tillsätt lök, vitlök, ingefära, kryddnejlika och gurkmeja. Stek på medelvärme i 4-5 minuter. Tillsätt tomater, chilipulver och grönsaksfond. Koka i 4 minuter på låg värme.
- Tillsätt koftas. Garnera med vispad grädde och korianderblad. Servera varm.

torkad pumpa

för 4 personer

Ingredienser

3 matskedar raffinerad vegetabilisk olja

1 tsk spiskummin

¼ tesked gurkmeja

¾ tsk mald koriander

Salt att smaka

750 g / 1 lb 10 oz pumpa, hackad

60 ml vatten

metod

- Hetta upp olja i en kastrull. Tillsätt spiskummin och gurkmeja. Låt det puttra i 15 sekunder.
- Tillsätt resten av ingredienserna. Blanda väl. Täck med lock och koka på låg värme i 15 minuter. Servera varm.

Grönsaksblandning med bockhornsklöver

för 4 personer

Ingredienser

4-5 matskedar raffinerad vegetabilisk olja

1 tsk senapsfrön

½ tsk bockhornsklöverfrön

2 stora lökar, fint hackade

2 stora sötpotatisar, tärnade

4 små auberginer, hackade

2 stora gröna paprikor, hackade

3 stora potatisar, tärnade

100 g gröna bönor, hackade

½ tsk gurkmeja

1 tsk chilipulver

2 msk tamarindpasta

1 msk hackade korianderblad

8-10 curryblad

1 tsk socker

Salt att smaka

750 ml / 1¼ pint vatten

metod

- Hetta upp olja i en kastrull. Tillsätt senapsfrön och bockhornsklöver. Låt det puttra i 15 sekunder. Tillsätt löken. Stek tills det är genomskinligt.
- Tillsätt resten av ingredienserna förutom vattnet. Blanda väl. Lägg till vatten. Koka på låg värme i 20 minuter. Servera varm.

Dum Gobhi

(långkokt blomkål)

för 4 personer

Ingredienser

2,5 cm / 1 tum ingefära rot, julienerad

2 tomater, fint hackade

¼ tesked gurkmeja

1 matsked yoghurt

½ tsk garam masala

Salt att smaka

800 g blomkålsbuketter

metod

- Blanda alla ingredienser utom blomkålsbuketterna.
- Lägg blomkålsbuketterna i en kastrull och häll blandningen över dem. Täck över och låt sjuda i 20 minuter, rör om då och då. Servera varm.

kole

(kikärtscurry)

För 5 portioner

Ingredienser

375 g kikärter, blötlagda över natten

1 liter vatten

Salt att smaka

1 tomat, finhackad

3 små lökar, fint hackade

1½ msk korianderblad, fint hackade

2 matskedar raffinerad vegetabilisk olja

1 tsk spiskummin

1 tsk ingefärspasta

1 tsk vitlökspasta

2 lagerblad

1 tsk socker

1 tsk chilipulver

½ tsk gurkmeja

1 msk ghee

4 gröna chili, skuren på längden

½ tsk mald kanel

½ tsk mald kryddnejlika

Saften av 1 citron

metod

- Blanda kikärtorna med hälften av vattnet och salt. Koka denna blandning i en kastrull på medelhög värme i 30 minuter. Ta av från värmen och låt kikärtorna rinna av.
- Mal 2 matskedar kikärtor med en halv tomat, en lök och halva korianderblad till en fin pasta. Att lägga åt sidan.
- Hetta upp olja i en stor panna. Tillsätt spiskummin. Låt det puttra i 15 sekunder.
- Tillsätt resterande lök, ingefärspasta och vitlökspasta. Stek denna blandning på medelvärme tills löken är gyllenbrun.
- Tillsätt resterande tomater tillsammans med lagerblad, socker, chilipulver, gurkmeja och tomatkikärtspasta. Stek denna blandning på medelvärme i 2-3 minuter.
- Tillsätt de återstående kikärtorna tillsammans med det återstående vattnet. Koka på låg värme i 8-10 minuter. Att lägga åt sidan.

- Värm ghee i en liten kastrull. Tillsätt grön chili, mald kanel och kryddnejlika. Låt dem fräsa i 30 sekunder. Häll denna blandning över kikärtorna. Blanda väl.

Ringla citronsaft och resterande korianderblad över cola. Servera varm.

Aubergine curry med lök och potatis

för 4 personer

Ingredienser

3 matskedar raffinerad vegetabilisk olja

2 stora lökar, fint hackade

1 tsk ingefärspasta

1 tsk vitlökspasta

1 tsk mald koriander

1 tsk malen spiskummin

1 tsk chilipulver

¼ tesked gurkmeja

120 ml vatten

Salt att smaka

250 g små auberginer

250 g småpotatis, halverad

50 g korianderblad, fint hackade

metod

- Hetta upp olja i en kastrull. Tillsätt löken. Stek tills det är genomskinligt.
- Tillsätt resten av ingredienserna förutom korianderbladen. Blanda väl. Koka i 15 minuter på låg värme.
- Garnera med korianderblad. Servera varm.

En enkel flaska kalebass

för 4 personer

Ingredienser

½ matsked ghee

1 tsk spiskummin

2 gröna chili, skivade på längden

750 g / 1 lb 10 oz flaska kalebass*, Hackad

Salt att smaka

120 ml mjölk

1 matsked riven kokos

10 g / ¼ oz korianderblad, fint hackade

metod

- Värm ghee i en kastrull. Tillsätt spiskummin och grön chili. Låt det puttra i 15 sekunder.
- Tillsätt pumpa, salt och mjölk. Koka på låg värme i 10-12 minuter.
- Tillsätt resten av ingredienserna. Blanda väl. Servera varm.

Blandad grönsakscurry

för 4 personer

Ingredienser

3 matskedar raffinerad vegetabilisk olja

1 tsk spiskummin

1 tsk mald koriander

½ tsk malen spiskummin

1 tsk chilipulver

¼ tesked gurkmeja

½ tesked socker

1 morot skuren i strimlor

1 stor potatis, tärnad

200 g / 7 oz hackade gröna bönor

50 g blomkålsbuketter

Salt att smaka

200 gram tomatpuré

120 ml vatten

10 g / ¼ oz korianderblad, fint hackade

metod

- Hetta upp olja i en kastrull. Tillsätt spiskummin, mald koriander och mald spiskummin. Låt det puttra i 15 sekunder.
- Tillsätt resten av ingredienserna förutom korianderbladen. Blanda väl. Koka i 15 minuter på låg värme.
- Garnera curryn med korianderblad. Servera varm.

Torkade blandade grönsaker

för 4 personer

Ingredienser

3 matskedar raffinerad vegetabilisk olja

1 tsk spiskummin

1 tsk mald koriander

½ tsk malen spiskummin

¼ tesked gurkmeja

Skär 1 morot i julienne

1 stor potatis, tärnad

200 g / 7 oz hackade gröna bönor

60 g blomkålsbuketter

Salt att smaka

120 ml vatten

10 g / ¼ oz korianderblad, hackade

metod

- Hetta upp olja i en kastrull. Tillsätt spiskummin. Låt det puttra i 15 sekunder.
- Tillsätt resten av ingredienserna förutom korianderbladen. Blanda väl och koka på låg värme i 15 minuter.
- Garnera med korianderblad och servera varma.

Torka potatisen och ärtorna

för 4 personer

Ingredienser

3 matskedar raffinerad vegetabilisk olja

1 tsk spiskummin

½ tsk gurkmeja

1 tsk garam masala

2 stora potatisar, kokta och hackade

400 gram kokta ärtor

Salt att smaka

metod

- Hetta upp olja i en kastrull. Tillsätt spiskummin och gurkmeja. Låt det puttra i 15 sekunder.
- Tillsätt resten av ingredienserna. Stek på medelvärme i 5 minuter. Servera varm.

Dhokar Dhalna

(Bengal gram curry)

för 4 personer

Ingredienser

300 g / 10 oz Chana Dhal*, blötlagd över natten

2 matskedar senapsolja

1 tsk spiskummin

Salt att smaka

5 cm / 2 tum kanel

4 gröna kardemummakapsel

6 tänder

½ tsk gurkmeja

½ tesked socker

250 ml vatten

3 stora potatisar, hackade och stekta

metod

- Mal chana dhal med tillräckligt med vatten för att bilda en slät pasta. Att lägga åt sidan.
- Hetta upp hälften av oljan i en kastrull. Tillsätt hälften av spiskumminen. Låt det puttra i 15 sekunder. Tillsätt dhalpasta och salt. Stek i 2-3 minuter. Låt rinna av och lägg på en stor tallrik och låt vila. Skär i 2,5 cm bitar. Att lägga åt sidan.
- Stek dessa dhal-bitar i den återstående oljan tills de är gyllenbruna. Att lägga åt sidan.
- Tillsätt resten av ingredienserna utom potatisen i samma olja. Koka i 2 minuter. Tillsätt potatis och dhalbitar. Blanda väl. Koka på låg värme i 4-5 minuter. Servera varm.

Kryddig potatischips

för 4 personer

Ingredienser

250 ml / 8 fl oz raffinerad vegetabilisk olja

3 stora potatisar, skurna i tunna strimlor

½ tsk chilipulver

1 tsk nymalen svartpeppar

Salt att smaka

metod

- Hetta upp olja i en kastrull. Lägg till potatisremsor. Stek dem på medelvärme tills de är gyllenbruna.
- Häll av och blanda väl med resten av ingredienserna. Servera varm.

Pumpa med kokt gram

för 4 personer

Ingredienser

1 matsked raffinerad vegetabilisk olja

1 tsk spiskummin

½ tsk gurkmeja

500 g / 1 lb 2 oz pumpa, hackad

125g Kaala Chana*, kokta

1 tsk mald koriander

1 tsk malen spiskummin

1 tsk chilipulver

Salt att smaka

120 ml vatten

10 g / ¼ oz korianderblad, fint hackade

metod

- Hetta upp olja i en kastrull. Tillsätt spiskummin och gurkmeja. Låt det puttra i 15 sekunder.
- Tillsätt resten av ingredienserna förutom vattnet och korianderbladen. Stek blandningen på medelvärme i 2-3 minuter.
- Lägg till vatten. Blanda väl. Täck över och låt sjuda i 15 minuter, rör om då och då.
- Garnera med korianderblad. Servera varm.

Dumt aloo

(långkokt potatis)

för 4 personer

Ingredienser

1 matsked raffinerad vegetabilisk olja

500g barnpotatis, kokt och skalad

Salt att smaka

1 tsk tamarindpasta

Till pastan:

½ tsk chilipulver

¼ tesked gurkmeja

¼ tesked svartpeppar

2 tsk korianderfrön

1 svart kardemumma

2,5 cm / 1 tum kanel

2 tänder

6 vitlöksklyftor

metod

- Mal ihop pastaingredienserna. Hetta upp olja i en panna. Tillsätt nudlarna. Stek på medelvärme i 10 minuter.
- Tillsätt resten av ingredienserna. Blanda väl. Koka i 8 minuter. Servera varm.

Grönsak Makkhanwala

(grönsaker i smör)

för 4 personer

Ingredienser

120 ml / 4 fl oz flytande grädde

½ tsk vanligt vitt mjöl

120 ml mjölk

4 matskedar tomatsås

1 matsked smör

2 stora lökar, fint hackade

500 g frysta grönsaker

1 tsk garam masala

½ tsk chilipulver

Salt att smaka

metod

- Vispa grädde, mjöl, mjölk och ketchup. Att lägga åt sidan.
- Hetta upp smöret i en gryta. Tillsätt löken. Stek dem på medelvärme tills de blir genomskinliga.
- Tillsätt grönsaker, garam masala, chilipulver, salt och gräddmjölsblandning. Blanda väl. Koka på låg värme i 10-12 minuter. Servera varm.

Franska bönor med mung dhal

för 4 personer

Ingredienser

1 matsked raffinerad vegetabilisk olja

1 tsk senapsfrön

¼ tesked gurkmeja

2 gröna chili, skivade på längden

400 g gröna bönor, hackade

3 matskedar Mungo Dal*, blötlägg i 30 minuter och låt rinna av

Salt att smaka

120 ml vatten

2 msk hackade korianderblad

metod

- Hetta upp olja i en kastrull. Tillsätt senapsfrön, gurkmeja och grön chili. Låt det puttra i 15 sekunder.
- Tillsätt resten av ingredienserna förutom vattnet och korianderbladen. Blanda väl. Lägg till vatten. Koka i 15 minuter på låg värme.
- Tillsätt korianderblad och servera varmt.

Kryddig potatis med yoghurtsås

för 4 personer

Ingredienser

1 tsk Kissan*, blanda med 4 msk vatten

200 gram yoghurt

750 g potatis, kokt och hackad

½ tsk chaat masala*

½ tesked mald spiskummin, torrrostad

½ tsk chilipulver

¼ tesked gurkmeja

1 matsked raffinerad vegetabilisk olja

1 tsk vit sesam

2 torkade röda chili, i fjärdedelar

Salt att smaka

10 g / ¼ oz korianderblad, fint hackade

metod

- Vispa bönpastan med yoghurt. Att lägga åt sidan.
- Blanda potatis med chaat masala, mald spiskummin, chilipulver och gurkmeja. Att lägga åt sidan.
- Hetta upp olja i en kastrull. Tillsätt sesam- och chilibitar. Låt det puttra i 15 sekunder.
- Tillsätt potatis, yoghurtblandning och salt. Blanda väl. Koka på låg värme i 4-5 minuter. Garnera med korianderblad. Servera varm.

Fylld grön paprika

för 4 personer

Ingredienser

4 matskedar raffinerad vegetabilisk olja

1 stor lök, hackad

½ tsk ingefärspasta

½ tsk vitlökspasta

1 tsk garam masala

2 stora potatisar, kokta och mosade

50g / 1¾oz kokta ärtor

1 liten morot, kokad och hackad

en nypa asafoetida

Salt att smaka

8 små gröna paprikor, med frön

metod

- Hetta upp en halv matsked olja i en panna. Tillsätt lök och fräs tills den är genomskinlig.
- Tillsätt resten av ingredienserna förutom paprikan. Blanda väl. Stek i 3-4 minuter.
- Fyll paprikan med denna blandning. Att lägga åt sidan.
- Hetta upp resterande olja i en kastrull. Tillsätt den fyllda paprikan. Stek på låg värme i 7-10 minuter, vänd då och då. Servera varm.

Doi Phulkop Aloo

(Bengalisk blomkål och potatis i yoghurt)

för 4 personer

Ingredienser

300 gram yoghurt

¼ tesked gurkmeja

1 tsk socker

Salt att smaka

200 g blomkålsbuketter

4 potatisar, hackade och lätt stekta

2 matskedar senapsolja

5 cm / 2 tum kanel

4 gröna kardemummakapsel

6 tänder

2 lagerblad

metod

- Blanda yoghurt, gurkmeja, socker och salt. Marinera blomkål och potatis med denna blandning i 20 minuter.
- Hetta upp olja i en kastrull. Stek resten av ingredienserna i 1-2 minuter.
- Tillsätt de syltade grönsakerna. Koka på låg värme i 6-7 minuter. Servera varm.

Grön paprika med besan

för 4 personer

Ingredienser

4 matskedar raffinerad vegetabilisk olja

½ tsk senapsfrön

500 g grön paprika, rensad från frön och hackad

½ tsk gurkmeja

½ tsk mald koriander

½ tsk malen spiskummin

500g / 1lb 2oz kyss*, blanda med 120 ml / 4 fl oz vatten

1 tsk socker

Salt att smaka

1 msk korianderblad

metod

- Hetta upp olja i en kastrull. Tillsätt senapsfrön. Låt det puttra i 15 sekunder.
- Tillsätt grön paprika, gurkmeja, mald koriander och malda spiskummin. Blanda väl. Täck med lock och koka på låg värme i 5-7 minuter.

- Tillsätt besan, socker och salt. Rör om tills besan täcker paprikan. Garnera med korianderblad. Servera varm.

Aubergine med ärtor

för 4 personer

Ingredienser

2 matskedar raffinerad vegetabilisk olja

½ tsk senapsfrön

en nypa asafoetida

½ tsk gurkmeja

2 stora lökar, fint hackade

2 tomater, fint hackade

1 tsk socker

Salt att smaka

120 ml vatten

300 g små auberginer, hackade

400 g / 14 oz färska gröna ärtor

25 g / knappt 1 oz korianderblad

metod

- Hetta upp olja i en kastrull. Tillsätt senapsfrön, asafetida och gurkmeja. Låt det puttra i 15 sekunder.
- Tillsätt löken. Stek tills de är gyllenbruna. Tillsätt tomater, socker, salt, vatten, aubergine och ärtor. Blanda väl. Täck med ett lock. Koka i 10 minuter på låg värme.
- Garnera med korianderblad. Servera varm.

Bandakopiator Ghonto

(Bengalkål med ärtor)

för 4 personer

Ingredienser

2 matskedar senapsolja

1 tsk spiskummin

4 hackade gröna chili

½ tsk gurkmeja

1 tsk socker

150 g / 5½ oz kål, tunt skivad

400 g frysta ärtor

Salt att smaka

¼ tesked mald kanel

¼ tesked mald kardemumma

¼ tsk mald kryddnejlika

metod

- Hetta upp olja i en kastrull. Tillsätt spiskummin och grön chili. Låt det puttra i 15 sekunder.
- Tillsätt gurkmeja, socker, kål, ärtor och salt. Blanda väl. Täck med lock och koka på svag värme i 8-10 minuter.
- Garnera med mald kanel, kardemumma och kryddnejlika. Servera varm.

Dal Bukhara

(krämig helsvart gram)

För 4-6 personer

Ingredienser

600g / 1lb 5oz Urad Dhal*, blötlagd över natten

2 msk bönor, blötlagda över natten

2 liter vatten

Salt att smaka

3 matskedar smör

1 tsk spiskummin

1 stor lök, finhackad

2,5 cm ingefärsrot, finhackad

2 vitlöksklyftor finhackad

1 tsk chilipulver

1 msk mald koriander

4 tomater, blancherade och hackade

½ tsk garam masala

2 matskedar tung grädde

2 matskedar yoghurt

3 matskedar ghee

2,5 cm / 1 tum ingefära rot, julienerad

2 gröna chili, skivade på längden

1 msk finhackade korianderblad

metod

- Dhal och bönor dräneras inte. Blanda i en kastrull med vatten och salt. Koka i en timme på medelvärme. Blanda väl och förvara.

- Smält smöret i en liten panna. Tillsätt spiskummin. Låt det puttra i 15 sekunder.

- Tillsätt lök, ingefära, vitlök, chilipulver, koriander och tomater. Sjud på låg värme i 7-8 minuter, rör om då och då.

- Tillsätt garam masala, grädde, yoghurt och ghee. Blanda väl. Koka i 2-3 minuter.

- Tillsätt denna blandning till dhal. Koka i 10 minuter på låg värme.

- Garnera med ingefära, grön chili och korianderblad. Servera varmt med ångat ris, chapatti eller naan.

Methi Dahal

(skuren röd gram med bockhornsklöver)

för 4 personer

Ingredienser

50 g / 1¾ oz färska bockhornsklöverblad, fint hackade

Salt att smaka

300 g / 10 oz zu eller dhal*

1,5 liter vatten

1 stor lök, finhackad

2 tomater, fint hackade

2 tsk tamarindpasta

1 grön chili, skivad på längden

¼ tesked gurkmeja

¾ tsk chilipulver

2 matskedar riven färsk kokos

1 matsked farinsocker*, riven

För smaksättning:

2 teskedar raffinerad vegetabilisk olja

½ tsk senapsfrön

6 curryblad

8 tänder trasiga

metod

- Gnid bockhornsklöverblad med lite salt och ställ åt sidan.

- Koka rå dhal med vatten och salt i en kastrull på medelhög värme i 45 minuter.

- Tillsätt bockhornsklöverblad tillsammans med lök, tomater, tamarindpasta, grön chili, gurkmeja, chilipulver, kokos och farinsocker. Blanda väl. Tillsätt eventuellt lite mer vatten. Koka i 5 minuter på låg värme.

- Avlägsna från värme. Blanda väl och håll åt sidan.

- Hetta upp olja i en kastrull. Tillsätt senapsfrön, curryblad och kryddnejlika. Låt det puttra i 15 sekunder. Häll det över dhal. Servera varm.

malaysiska kofta

(dumplings i söt sås)

för 4 personer

Ingredienser

2,5 cm / 1 tum kanel

6 gröna kardemummakapslar

¼ tsk mald muskotnöt

6 tänder

3 tsk nymalen vitpeppar

3,5 cm ingefärsrot, riven

½ tsk gurkmeja

2 vitlöksklyftor, hackade

2½ teskedar socker

Salt att smaka

120 ml vatten

3 matskedar ghee

360 ml mjölk

120 ml / 4 fl oz flytande grädde

1 msk riven cheddarost

1 msk finhackade korianderblad

För Koftas:

50g / 1¾oz Khoya*

50 g paneer*

4 stora potatisar, kokta och mosade

4-5 gröna chili, finhackad

1 cm ingefärsrot, riven

1 tsk hackad koriander

½ tsk spiskummin

Salt att smaka

20 gram russin

20 g cashewnötter

metod

- För koftas, knåda alla koftaingredienser utom russin och cashewnötter till en smidig deg.

- Dela den här degen i valnötsstora bollar. Nyp 2-3 russin och cashewnötter i mitten av varje boll.

- Grädda bollarna i en 200°C ugn (400°F / gasmark 6) i 5 minuter. Lägg dem åt sidan.

- Till såsen, rosta kanel, kardemumma, muskotnöt och kryddnejlika i en panna på låg värme i 1 minut. Skiva och reservera.

- Mal peppar, ingefära, gurkmeja, vitlök, socker och salt med vatten. Att lägga åt sidan.

- Värm ghee i en kastrull. Tillsätt kanelkardemummablandningen. Stek i en minut på medelvärme.

- Tillsätt paprika- och ingefärsblandningen. Stek i 5-7 minuter, rör om då och då.

- Tillsätt mjölk och grädde. Sjud på låg värme i 15 minuter, rör om då och då.

- Lägg de varma koftorna i en kastrull.

- Häll såsen över koftan och garnera med ost och korianderblad. Servera varm.

- Alternativt, efter att ha hällt såsen över koftorna, baka dem i en förvärmd ugn vid 200°C (400°F, gasmark 6) i 5 minuter. Garnera med ost och korianderblad. Servera varm.

Aloo Palak

(kokt potatis med spenat)

6 för

Ingredienser

300 g spenat, hackad och ångad

2 gröna chili, skivade på längden

4 matskedar ghee

2 stora potatisar, kokta och hackade

½ tsk spiskummin

2,5 cm / 1 tum ingefära rot, julienerad

2 stora lökar, fint hackade

3 tomater, fint hackade

1 tsk chilipulver

½ tsk mald kanel

½ tsk mald kryddnejlika

¼ tesked gurkmeja

½ tsk garam masala

½ tsk fullkornsvetemjöl

1 tsk citronsaft

Salt att smaka

½ matsked smör

En stor nypa Asantid

metod

- Mosa spenaten med den gröna chilin i en mixer. Att lägga åt sidan.
- Värm ghee i en kastrull. Tillsätt potatis och stek på medelvärme tills den är gyllene och krispiga. Rensa dem och reservera dem.
- Tillsätt spiskummin till samma ghee. Låt det puttra i 15 sekunder.
- Tillsätt ingefära och lök. Stek dem på medelvärme i 2-3 minuter.
- Tillsätt resten av ingredienserna till smöret och rör om. Koka blandningen på medelhög värme i 3-4 minuter, rör om då och då.
- Tillsätt spenat och potatis. Blanda väl och koka på låg värme i 2-3 minuter. Ställ blandningen åt sidan.
- Hetta upp smöret i en liten kastrull. Lägg till asantida. Låt det puttra i 5 sekunder.
- Häll omedelbart denna blandning över Aloo Palak. Rör om försiktigt. Servera varm.

NOTERA:*Du kan byta ut potatisen mot färska ärtor eller majskärnor.*

Dum också Karela

(långsamkokt bitter kalebass)

för 4 personer

Ingredienser

12 bittra kalebasser*

Salt att smaka

500 ml vatten

1 tesked gurkmeja

1 tsk ingefärspasta

1 tsk vitlökspasta

Smör till smörjning och smörjning

För fyllningen:

1 matsked riven färsk kokos

60 gram jordnötter

1 msk sesam

1 tsk spiskummin

2 stora lökar

2,5 cm / 1 tum ingefära rot, julienerad

2 teskedar farinsocker*, riven

1½ tsk mald koriander

1 tsk chilipulver

Salt att smaka

150 g paneer*, riven

För smaksättning:

3 matskedar raffinerad vegetabilisk olja

10 curryblad

½ tsk spiskummin

½ tsk senapsfrön

¼ tesked bockhornsklöver frön

metod

- Skär de bittra kalebasserna en gång på längden, var noga med att inte lämna bottnarna intakta. Jag önskar dig. Gnid in dem med salt och låt stå i 1 timme.
- Blanda i en gryta vatten med gurkmeja, ingefärspasta, vitlökspasta och lite salt och koka på medelvärme i 5-7 minuter. Tillsätt bitter kalebass. Koka tills den är mjuk. Töm och förvara.
- För fyllningen, torrosta alla fyllningsingredienser utom paneer. Blanda den torra stekblandningen med 60 ml vatten. Mal tills du får en fin pasta.
- Lägg till paneer. Blanda det väl med malda nudlar. Att lägga åt sidan.
- Hetta upp olja i en panna. Tillsätt kryddor. Låt det puttra i 15 sekunder.

- Häll den över fyllningsblandningen. Blanda väl. Dela fyllningen i 12 lika delar.
- Lägg en del inuti varje bitter kalebass. Lägg dem med den fyllda sidan uppåt på en smord plåt. Gör några hål i ett ark aluminiumfolie och använd dem för att stänga skålen.
- Grädda de bittra kalebasserna i ugnen i 140°C i 30 minuter, tvätta då och då. Servera varm.

Navratna curry

(olika grönsakscurryrätter)

för 4 personer

Ingredienser

100 gram gröna bönor

2 stora morötter

100 gram blomkål

200 gram ärtor

360 ml vatten

4 msk ghee plus för stekning

2 potatisar, hackade

150 g paneer*, Skär i bitar

2 tomater, mosade

2 stora gröna paprikor, skurna i långa strimlor

150 g cashewnötter

250 gram russin

2 teskedar socker

Salt att smaka

200 g yoghurt, vispad

2 skivor ananas, hackad

några körsbär

För kryddblandningen:

6 vitlöksklyftor

2 gröna chili

4 torkade röda chili

1 tum ingefära rot

2 tsk korianderfrön

1 tsk spiskummin

1 tsk svarta spiskumminfrön

3 gröna kardemummakapslar

metod

- Hacka bönorna, moroten och blomkålen. Blanda dem med ärtor och vatten. Koka denna blandning i en kastrull på medelhög värme i 7-8 minuter. Att lägga åt sidan.
- Hetta upp ghee i en panna för stekning. Tillsätt potatis och paneer. Stek dem på medelvärme tills de är gyllenbruna. Rensa dem och reservera dem.
- Mal alla ingredienserna i kryddblandningen tills de bildar en pasta. Att lägga åt sidan.
- Värm 4 msk ghee i en panna. Tillsätt kryddpastan. Stek på medelvärme i 1-2 minuter under konstant omrörning.
- Tillsätt tomatpuré, paprika, cashewnötter, russin, socker och salt. Blanda väl.

- Tillsätt kokta grönsaker, stekt paneer och potatis och yoghurt. Rör om tills yoghurten och tomatpurén täcker resten av ingredienserna. Koka på låg värme i 10-15 minuter.
- Garnera Navratna-curryn med ananasskivor och körsbär. Servera varm.

Blandade grönsaker i kofta tomat curry

för 4 personer

Ingredienser

För Kofta:

125 g / 4½ oz fryst majs

125 g frysta ärtor

60 g franska bönor, hackade

60 g morötter, finhackade

375 g / 13 oz mizzen*

½ tsk chilipulver

en nypa gurkmeja

1 tsk amkrut*

1 tsk mald koriander

½ tsk malen spiskummin

Salt att smaka

Raffinerad vegetabilisk olja för stekning

Till curryn:

4 tomater, fint hackade

2 teskedar tomatpuré

1 tsk mald ingefära

½ tsk chilipulver

¼ tesked socker

¼ tesked mald kanel

2 tänder

Salt att smaka

1 matsked paneer*, riven

25 g korianderblad, fint hackade

metod

- Till koftan, blanda majsen, ärterna, bönorna och morötterna i en kastrull. Låt blandningen koka upp.
- Knåda den ångade blandningen med resten av koftaingredienserna, förutom oljan, till en smidig deg. Dela degen i citronstora bollar.
- Hetta upp olja i en panna. Lägg i koftabollarna. Stek dem på medelvärme tills de är gyllenbruna. Låt koftan rinna av och ställ åt sidan.
- Till curry, blanda alla curryingredienser utom paneer och korianderblad i en kastrull.
- Koka denna blandning på medelhög värme i 15 minuter, rör ofta.
- Tillsätt försiktigt koftas i curryn 15 minuter före servering.
- Garnera med paneer och korianderblad. Servera varm.

Muthia i vit sås

(paneer och bockhornsklöver köttbullar i vit sås)

för 4 personer

Ingredienser

1 matsked cashewnötter

1 msk lättrostade jordnötter

1 skiva bröd

1 medelstor lök, finhackad

1 tum ingefära rot

3 gröna chili

1 tesked vallmofrön blötlagda i 2 matskedar mjölk i 1 timme

2 matskedar ghee

240 ml mjölk

1 tesked strösocker

En nypa mald kanel

En nypa mald kryddnejlika

120 ml / 4 fl oz flytande grädde

Salt att smaka

200 gram yoghurt

För Muthias:

Paneer 300g / 10oz*, sönderdelning

1 msk finhackade bockhornsklöverblad

1 msk vanligt vitt mjöl

Salt att smaka

Chilipulver efter smak

Ghee för stekning

metod

- Knåda alla Muthia-ingredienser utom ghee till en smidig deg. Dela degen i valnötsstora bollar.
- Hetta upp ghee i en panna. Tillsätt bollarna och stek på medelvärme tills de är gyllenbruna. Att lägga åt sidan.
- Mal cashewnötterna, de rostade jordnötterna och brödet med tillräckligt med vatten för att bilda en pasta. Ställ blandningen åt sidan.
- Mal lök, ingefära, chilipeppar och vallmofrön till en pasta med tillräckligt med vatten. Ställ blandningen åt sidan.

- Hetta upp ghee i en panna. Tillsätt lök- och ingefärsblandningen. Rosta tills det är brunt.
- Tillsätt alla resterande ingredienser och jordnötscashewpastan. Blanda väl. Sjud på låg värme i 15 minuter, rör om ofta.
- Tillsätt muthien. Rör om försiktigt. Servera varm.

brun curry

för 4 personer

Ingredienser

2 gröna kardemummakapslar

2 tänder

2 svartpeppar

1 cm kanel

1 lagerblad

2 torkade röda chili

1 tsk fullkornsmjöl

2 matskedar raffinerad vegetabilisk olja

1 stor lök, skivad

1 tsk spiskummin

en nypa asafoetida

1 stor grön paprika, finhackad

2,5 cm / 1 tum ingefära rot, julienerad

4 vitlöksklyftor, hackade

½ tsk chilipulver

¼ tesked gurkmeja

1 tsk mald koriander

2 stora tomater, fint hackade

1 msk tamarindpasta

Salt att smaka

1 msk finhackade korianderblad

metod

- Mal kardemumma, kryddnejlika, pepparkorn, kanel, lagerblad och röd chili till ett fint pulver. Att lägga åt sidan.
- Torka mjöl under konstant omrörning tills det är ljust rosa. Att lägga åt sidan.
- Hetta upp olja i en kastrull. Tillsätt lök. Stek på medelvärme tills de är gyllenbruna. Låt rinna av och puré tills en fin pasta bildas. Att lägga åt sidan.
- Hetta upp samma olja och tillsätt spiskummin. Låt det puttra i 15 sekunder.
- Tillsätt asafetida, grön paprika, ingefära och vitlök. Stek i en minut.
- Tillsätt resten av ingredienserna förutom korianderbladen. Blanda väl.
- Tillsätt kardemumma och mald kryddnejlikablandning, torrrostat mjöl och lökpasta. Blanda väl.
- Koka på låg värme i 10-15 minuter.
- Garnera med korianderblad. Servera varm.

NOTERA:*Denna curry passar bra till grönsaker som skalpotatis, ärtor och stekta auberginebitar.*

diamant curry

för 4 personer

Ingredienser

2-3 matskedar raffinerad vegetabilisk olja

2 stora lökar, malda till en pasta

1 tsk ingefärspasta

1 tsk vitlökspasta

2 stora tomater, mosade

1-2 gröna chili

½ tsk gurkmeja

1 msk malda spiskumminfrön

½ tsk garam masala

½ tesked socker

Salt att smaka

250 ml vatten

Till diamanterna:

250 gram salt*

200 ml vatten

1 matsked raffinerad vegetabilisk olja

1 nypa asafoetida

½ tsk spiskummin

25 g korianderblad, fint hackade

2 gröna chili finhackad

Salt att smaka

metod

- Till såsen, värm oljan i en kastrull. Tillsätt lökpasta. Stek pastan på medelvärme tills den blir genomskinlig.
- Tillsätt ingefärspasta och vitlökspasta. Stek i en minut.
- Tillsätt resten av ingredienserna förutom diamantingredienserna. Blanda väl. Täck med lock och låt blandningen puttra i 5-7 minuter. Ställ såsen åt sidan.
- För diamanter, blanda försiktigt besan med vattnet för att bilda en tjock smet. Undvik klumpar. Att lägga åt sidan.
- Hetta upp olja i en kastrull. Tillsätt asafoetida och spiskummin. Låt det puttra i 15 sekunder.
- Tillsätt bönsmeten och alla resterande diamantingredienser. Rör hela tiden på medelhög värme tills blandningen drar sig bort från pannans sidor.
- Smörj en 15x35 cm bakplåt med non-stick. Häll degen och jämna till med en slickepott. Låt stå i 20 minuter. Skär till en diamantform.
- Lägg diamanterna i såsen. Servera varm.

grönsaksgryta

för 4 personer

Ingredienser

1 msk vanligt vitt mjöl

3 matskedar raffinerad vegetabilisk olja

4 tänder

2,5 cm / 1 tum kanel

2 gröna kardemummakapslar

1 liten lök, hackad

1 cm ingefärsrot, hackad

2-5 gröna chili, skuren på längden

10 curryblad

150 g / 5½ oz frysta grönsaker

600 ml / 1 pint kokosmjölk

Salt att smaka

1 matsked vinäger

1 tsk mald svartpeppar

1 tsk senapsfrön

1 hackad schalottenlök

metod

- Blanda mjölet med tillräckligt med vatten för att bilda en tjock pasta. Att lägga åt sidan.
- Hetta upp 2 matskedar olja i en kastrull. Tillsätt kryddnejlika, kanel och kardemumma. Låt dem fräsa i 30 sekunder.
- Tillsätt lök, ingefära, chilipeppar och curryblad. Sjud blandningen på medelvärme i 2-3 minuter.
- Tillsätt grönsaker, kokosmjölk och salt. Rör om i 2-3 minuter.
- Tillsätt mjölpasta. Koka i 5-7 minuter, rör hela tiden.
- Tillsätt vinäger. Blanda väl. Sjud ytterligare en minut på svag värme. Ställ grytan åt sidan.
- Hetta upp resterande olja i en kastrull. Tillsätt peppar, senapsfrön och schalottenlök. Stek i 1 minut.
- Häll denna blandning över grytan. Servera varm.

Svampärt curry

för 4 personer

Ingredienser

2 gröna chili

1 msk vallmofrön

2 gröna kardemummakapslar

1 matsked cashewnötter

1 cm ingefärsrot

½ matsked ghee

1 stor lök, finhackad

4 finhackade vitlöksklyftor

400 g svamp, skivad

200 g konserverade ärter

Salt att smaka

1 matsked yoghurt

1 msk grädde

10 g / ¼ oz korianderblad, fint hackade

metod

- Mal den gröna chilin, vallmofrön, kardemumma, cashewnötter och ingefära till en tjock pasta. Att lägga åt sidan.
- Värm ghee i en kastrull. Tillsätt lök. Stek på medelvärme tills det är genomskinligt.
- Tillsätt vitlök och mald grön chili och vallmofröblandning. Stek i 5-7 minuter.
- Tillsätt svamp och ärter. Stek i 3-4 minuter.
- Tillsätt salt, yoghurt och grädde. Blanda väl. Sjud på låg värme i 5-7 minuter, rör om då och då.
- Garnera med korianderblad. Servera varm.

Navratan Korma

(kryddade blandade grönsaker)

för 4 personer

Ingredienser

1 tsk spiskummin

2 tsk vallmofrön

3 gröna kardemummakapslar

1 stor lök, finhackad

25 g kokos, riven

3 gröna chili, skivade på längden

3 matskedar ghee

15 cashewnötter

3 matskedar smör

400 g konserverade ärter

2 morötter, kokta och hackade

1 litet äpple, fint hackat

2 ananasskivor, fint hackade

125 g yoghurt

60 ml / 2 fl oz flytande grädde

Tomatketchup 120ml / 4fl oz

20 russin

Salt att smaka

1 msk riven cheddarost

1 msk finhackade korianderblad

2 glaserade körsbär

metod

- Mal spiskummin och vallmofrön till ett fint pulver. Att lägga åt sidan.
- Mal kardemumma, lök, kokos och grön chili tills du får en tjock pasta. Att lägga åt sidan.
- hett ghee. Tillsätt cashewnötterna. Stek dem på medelvärme tills de är gyllenbruna. Häll av dem och ställ åt sidan. Kasta inte ghee.
- Tillsätt smör till ghee och värm blandningen i en minut medan du rör om väl.
- Tillsätt kardemumma och lökblandningen. Stek på medelvärme i 2 minuter.
- Tillsätt ärtor, morötter, äpple och ananas. Sjud blandningen i 5-6 minuter.
- Tillsätt spiskummin och vallmofröblandningen. Koka ytterligare en minut på låg värme.
- Tillsätt yoghurt, grädde, ketchup, russin och salt. Rör om blandningen på låg värme i 7-8 minuter.
- Garnera korman med ost, korianderblad, körsbär och stekta cashewnötter. Servera varm.

Sindhi Sai Bhaji*

(Sindi kryddiga grönsaker)

för 4 personer

Ingredienser

3 matskedar raffinerad vegetabilisk olja

1 stor lök hackad

3 gröna chili, skivade på längden

6 finhackade vitlöksklyftor

1 morot finhackad

1 stor grön paprika, finhackad

1 liten vitkål, finhackad

1 stor potatis, finhackad

1 finhackad aubergine

100 g okra, hackad

100 g gröna bönor, finhackade

150 g spenatblad, fint hackade

100 g / 3½ oz korianderblad, fint hackade

300 g masoor dhal*, blötlägg i 30 minuter och låt rinna av

150 g mung dhal*, blötlägg i 30 minuter och låt rinna av

750 ml / 1¼ pint vatten

1 tsk chilipulver

1 tsk mald koriander

½ tsk gurkmeja

1 tesked salt

1 tomat

½ matsked ghee

en nypa asafoetida

metod

- Hetta upp olja i en stor panna. Tillsätt lök. Stek på medelvärme tills det är genomskinligt.
- Tillsätt grön chili och vitlök. Stek ytterligare en minut.
- Tillsätt alla övriga ingredienser utom tomat, ghee och asafetida. Blanda väl. Täck över och låt sjuda i 10 minuter, rör om regelbundet.
- Lägg en hel tomat ovanpå grönsaksblandningen, täck igen och koka blandningen i ytterligare 30 minuter.
- Ta bort från spisen och puré innehållet i stora bitar. Ställ bhaji åt sidan.
- Värm ghee i en kastrull. Lägg till asantida. Låt det puttra i 10 sekunder. Häll direkt över Bhaji. Blanda blandningen väl. Servera varm.

Nawabs betor

(rik kålrot)

för 4 personer

Ingredienser

500 g medelstora kålrot, skalade

125 g yoghurt

120 ml / 4 fl oz flytande grädde

Salt att smaka

2,5 cm / 1 tum ingefära rot, julienerad

100 g färska ärtor

1 matsked citronsaft

1 matsked raffinerad vegetabilisk olja

2 matskedar smör

1 stor lök, riven

6 vitlöksklyftor, hackade

1 tsk chilipulver

en nypa gurkmeja

1 tsk garam masala

250 g riven cheddarost

50 g korianderblad, fint hackade

metod

- Håla ur rödbetorna. Släng inte de uppsamlade portionerna. Att lägga åt sidan.
- Blanda 2 msk yoghurt, 2 msk grädde och salt.
- Lägg de ihåliga rödbetorna i denna blandning för att täcka dem väl.
- Ånga dessa rödbetor på medelvärme i 5-7 minuter. Att lägga åt sidan.
- Blanda de extraherade rödbetsportionerna med ingefära, ärtor, citronsaft och salt.
- Hetta upp olja i en kastrull. Tillsätt rödbets- och ingefärsblandningen. Sjud på medelvärme i 4-5 minuter.
- Fyll ångade rödbetor med denna blandning. Att lägga åt sidan.
- Hetta upp smöret i en gryta. Tillsätt lök och vitlök. Stek dem på medelvärme tills löken blir genomskinlig.
- Tillsätt resterande grädde, chilipulver, gurkmeja och garam masala. Blanda väl. Koka i 4-5 minuter.
- Tillsätt de fyllda rödbetorna, resterande yoghurt och ost. Sjud i 2-3 minuter och tillsätt korianderblad. Servera varm.

Baghara Baingan

(Kryddig och kryddig aubergine)

för 4 personer

Ingredienser

1 msk korianderfrön

1 msk vallmofrön

1 msk sesam

½ tsk spiskummin

3 torkade röda chili

100 g / 3½ oz riven färsk kokos

3 stora lökar, fint hackade

1 tum ingefära rot

5 matskedar raffinerad vegetabilisk olja

500 g aubergine, hackad

8 curryblad

½ tsk gurkmeja

½ tsk chilipulver

3 gröna chili, skivade på längden

8 curryblad

1½ tsk tamarindpasta

250 ml vatten

Salt att smaka

metod

- Torrosta koriander, vallmofrön, sesamfrön, spiskummin och röda chilifrön i 1-2 minuter. Att lägga åt sidan.
- Mal kokos, 1 lök och ingefära till en tjock pasta. Att lägga åt sidan.
- Hetta upp hälften av oljan i en kastrull. Tillsätt auberginema. Stek dem på medelvärme i 5 minuter, vänd då och då. Häll av dem och ställ åt sidan.
- Hetta upp resterande olja i en kastrull. Tillsätt curryblad och resterande lök. Stek dem på medelvärme tills löken blir gyllene.
- Tillsätt kokospasta. Stek i en minut.
- Tillsätt resten av ingredienserna. Blanda väl. Koka på låg värme i 3-4 minuter.
- Tillsätt en blandning av torra rostade korianderfrön och vallmofrön. Blanda väl. Fortsätt koka i 2-3 minuter.
- Tillsätt stekta auberginer. Blanda blandningen väl. Koka i 3-4 minuter. Servera varm.

Ångkokt morot Kofta

för 4 personer

Ingredienser

2 matskedar raffinerad vegetabilisk olja

2 stora lökar, rivna

6 tomater, fint hackade

1 matsked yoghurt

1 tsk garam masala

För Kofta:

2 stora morötter, rivna

125 g salt*

125 g fullkornsmjöl

150 g / 5½ oz rivet vete

1 tsk garam masala

½ tsk gurkmeja

1 tsk chilipulver

¼ tesked citronsyra

½ tsk bakpulver

2 teskedar raffinerad vegetabilisk olja

Salt att smaka

Till pastan:

3 tsk korianderfrön

1 tsk spiskummin

4 korn svartpeppar

3 tänder

5 cm / 2 tum kanel

2 gröna kardemummakapslar

3 tsk riven färsk kokos

6 röda chili

Salt att smaka

2 matskedar vatten

metod

- Knåda alla koftaingredienser med tillräckligt med vatten tills en smidig deg bildas. Dela degen i valnötsstora bollar.
- Ånga bollarna i en ångkokare på medelhög värme i 7-8 minuter. Att lägga åt sidan.
- Blanda alla pastaingredienser utom vatten. Torrrosta blandningen på medelvärme i 2-3 minuter.
- Tillsätt vatten till blandningen och mal till en slät massa. Att lägga åt sidan.
- Hetta upp olja i en kastrull. Tillsätt riven lök. Stek på medelvärme tills det är genomskinligt.
- Tillsätt tomater, yoghurt, garam masala och malda nudlar. Sjud blandningen i 2-3 minuter.
- Tillsätt de ångade bollarna. Blanda väl. Koka blandningen på låg värme i 3-4 minuter, rör om med jämna mellanrum. Servera varm.

dhingri shabnam

(Paneer köttbullar fyllda med svamp)

för 4 personer

Ingredienser

450 g panerare*

125 gram vitt mjöl

60 ml vatten

Raffinerad vegetabilisk olja plus för stekning

¼ tesked garam masala

För fyllningen:

100 gram svamp

1 tsk osaltat smör

8 hackade cashewnötter

16 russin

2 matskedar khoya*

1 matsked paneer*

1 msk finhackade korianderblad

1 grön chili, hackad

Till såsen:

2 matskedar raffinerad vegetabilisk olja

¼ tesked bockhornsklöver frön

1 lök finhackad

1 tsk vitlökspasta

1 tsk ingefärspasta

¼ tesked gurkmeja

7-8 cashewnötter, malda

50 gram yoghurt

1 stor lök, hackad till en pasta

750 ml / 1¼ pint vatten

Salt att smaka

metod

- Knåda paneer och mjöl med 60 ml vatten till en smidig deg. Dela degen i 8 bollar. Platta till skivor. Att lägga åt sidan.
- Skiva svampen till fyllningen.
- Hetta upp smöret i en panna. Lägg till skivad svamp. Stek dem på medelvärme i någon minut.
- Ta av från värmen och rör ner resten av fyllningsingredienserna.
- Dela denna blandning i 8 lika delar.
- Lägg en del av fyllningen på varje skiva ströbröd. Förslut i påsar och platta till bollar för att göra koftas.
- Hetta upp olja i en panna för stekning. Tillsätt koftas. Stek dem på medelvärme tills de är gyllenbruna. Häll av dem och ställ åt sidan.

- Till såsen värm 2 msk olja i en gryta. Tillsätt bockhornsklöverfrön. Låt det puttra i 15 sekunder.
- Tillsätt lök. Stek på medelvärme tills det är genomskinligt.
- Tillsätt resten av ingredienserna till såsen. Blanda väl. Koka på låg värme i 8-10 minuter.
- Ta av från värmen och sila såsen genom en soppsil till en separat kastrull.
- Tillsätt försiktigt koftas i den silade såsen.
- Låt denna blandning sjuda i 5 minuter under försiktig omrörning.
- Strö garam masala över dhingri shabnam. Servera varm.

Xacuttisvamp

(Kryddiga currysvampar från Goa)

för 4 personer

Ingredienser

4 matskedar raffinerad vegetabilisk olja

3 röda chili

2 stora lökar, fint hackade

1 riven kokos

2 tsk korianderfrön

4 korn svartpeppar

½ tsk gurkmeja

1 tsk vallmofrön

2,5 cm / 1 tum kanel

2 tänder

2 gröna kardemummakapslar

½ tsk spiskummin

½ tsk fänkålsfrön

5 vitlöksklyftor, hackade

Salt att smaka

2 tomater, fint hackade

1 tsk tamarindpasta

500 g svamp, hackad

1 msk finhackade korianderblad

metod

- Hetta upp 3 matskedar olja i en kastrull. Tillsätt röd chili. Stek på medelvärme i 20 sekunder.
- Tillsätt lök och kokos. Stek blandningen tills den är gyllenbrun. Att lägga åt sidan.
- Värm grytan. Tillsätt korianderfrön, pepparkorn, gurkmeja, vallmofrön, kanel, kryddnejlika, kardemumma, spiskummin och fänkålsfrön. Torrrosta blandningen i 1-2 minuter under konstant omrörning.
- Tillsätt vitlök och salt. Blanda väl. Torrstek ytterligare en minut. Ta av från värmen och mosa tills det är slätt.
- Hetta upp den återstående oljan. Tillsätt tomater och tamarindpasta. Stek denna blandning på medelvärme i en minut.
- Tillsätt svamp. Stek i 2-3 minuter.
- Tillsätt korianderfrö- och pepparblandningen och lök- och kokosblandningen. Blanda väl. Ånga på låg värme i 3-4 minuter.
- Garnera svampxacuttin med korianderblad. Servera varm.

Paneer och Corn Curry

för 4 personer

Ingredienser

3 tänder

2,5 cm / 1 tum kanel

3 svartpeppar

1 msk krossade cashewnötter

1 msk vallmofrön

3 matskedar varm mjölk

2 matskedar raffinerad vegetabilisk olja

1 stor lök, riven

2 lagerblad

½ tsk ingefärspasta

½ tsk vitlökspasta

1 tsk rött chilipulver

4 tomater, mosade

125 g yoghurt, vispad

2 matskedar grädde

1 tsk socker

½ tsk garam masala

Paneer 250g / 9oz*, Hackad

200 g majskärnor, kokta

Salt att smaka

2 msk korianderblad

metod

- Mal kryddnejlika, kanel och pepparkorn till ett fint pulver. Att lägga åt sidan.
- Blötlägg cashewnötter och vallmofrön i varm mjölk i 30 minuter. Att lägga åt sidan.
- Hetta upp olja i en kastrull. Tillsätt lök och lagerblad. Stek dem på medelvärme i någon minut.
- Tillsätt den malda kryddnejlikan, kanel- och pepparpulvret och cashew-, vallmofrö- och mjölkblandningen.
- Tillsätt ingefärspasta, vitlökspasta och röd chilipulver. Blanda väl. Stek i en minut.
- Tillsätt tomaterna. Sjud blandningen på låg värme i 2-3 minuter.
- Tillsätt yoghurt, grädde, socker, garam masala, paneer, majskolvar och salt. Blanda blandningen väl. Sjud på låg värme i 7-8 minuter, rör om regelbundet.
- Garnera curryn med korianderblad. Servera varm.

Basant Bahar

(kryddig gröna tomater i sås)

för 4 personer

Ingredienser

500 gram gröna tomater

1 tesked raffinerad vegetabilisk olja

en nypa asafoetida

3 små lökar, fint hackade

10 vitlöksklyftor, hackade

250 gram salt*

1 tsk fänkålsfrön

1 tsk mald koriander

¼ tesked gurkmeja

¼ tesked garam masala

½ tsk chilipulver

1 tsk citronsaft

Salt att smaka

Till såsen:

3 stekta lökar

2 rostade tomater

1 cm ingefärsrot

2 gröna chili

1 tesked yoghurt

1 tsk grädde

en nypa asafoetida

1 tsk spiskummin

2 lagerblad

Salt att smaka

2 teskedar raffinerad vegetabilisk olja

150 g mjuk getost, smulad

1 msk finhackade korianderblad

metod

- Gör ett kors på den övre halvan av tomaten med en kniv och skär igenom, lämna den nedre halvan intakt. Upprepa för alla tomater. Att lägga åt sidan.
- Hetta upp olja i en kastrull. Lägg till asantida. Låt det puttra i 10 sekunder.
- Tillsätt lök och vitlök. Stek dem på medelvärme tills löken blir genomskinlig.
- Tillsätt besan, fänkålsfrön, mald koriander, gurkmeja, garam masala och chilipulver. Stek ytterligare 1-2 minuter.

- Tillsätt citronsaft och salt. Blanda väl. Ta bort från värmen och fyll de skivade tomaterna med denna blandning. Ställ de fyllda tomaterna åt sidan.
- Blanda alla såsingredienser utom olja, getost och korianderblad till en slät deg. Att lägga åt sidan.
- Hetta upp 1 tesked olja. Tillsätt getost. Stek den på medelvärme tills den är gyllenbrun. Att lägga åt sidan.
- Hetta upp den återstående oljan i en annan gryta. Tillsätt mald såspasta. Koka blandningen på medelhög värme i 4-5 minuter, rör om då och då.
- Tillsätt de fyllda tomaterna. Blanda väl. Täck grytan med lock och koka blandningen på medelhög värme i 4-5 minuter.
- Strö korianderblad och stekt getost över basant bahari. Servera varm.

Palak Kofta

(spenat köttbullar i sås)

för 4 personer

Ingredienser

För Kofta:

300 g finhackad spenat

1 cm ingefärsrot

1 grön chili

1 vitlöksklyfta

Salt att smaka

½ tsk garam masala

30 g getost, avrunnen

2 matskedar bönor*, biff

4 msk raffinerad vegetabilisk olja, plus för stekning

Till såsen:

½ tsk spiskummin

1 tum ingefära rot

2 vitlöksklyftor

¼ tesked korianderfrön

2 små lökar, hackade

En nypa chilipulver

¼ tesked gurkmeja

½ tomat, mosad

Salt att smaka

120 ml vatten

2 matskedar grädde

1 msk finhackade korianderblad

metod

- Till koftas, blanda spenat, ingefära, grön chili, vitlök och salt i en kastrull. Koka denna blandning på medelvärme i 15 minuter. Låt rinna av och puré tills en slät pasta bildas.
- Knåda denna pasta med alla återstående koftaingredienser utom oljan tills en fast deg bildas. Dela den här degen i valnötsstora bollar.
- Hetta upp olja i en gryta för stekning. lägg till prickar. Stek dem på medelvärme tills de är gyllenbruna. Häll av dem och ställ åt sidan.
- Till såsen mal spiskummin, ingefära, vitlök och korianderfrön. Att lägga åt sidan.
- Hetta upp 4 matskedar olja i en kastrull. Tillsätt hackad lök. Stek på låg värme tills de är gyllenbruna. Tillsätt ingefära och spiskumminpasta. Stek ytterligare en minut.

- Tillsätt chilipulver, gurkmeja och tomatpuré. Blanda väl. Stek ytterligare 2-3 minuter.
- Tillsätt salt och vatten. Blanda väl. Täck med lock och låt sjuda i 5-6 minuter, rör om regelbundet.
- Avtäck och tillsätt koftas. Koka på låg värme i ytterligare 5 minuter.
- Garnera med vispad grädde och korianderblad. Servera varm.

Kofta Kål

(kåldumplings i sås)

för 4 personer

Ingredienser

För Kofta:

100 g hackad kål

4 stora potatisar, kokta

1 tsk spiskummin

1 tsk ingefärspasta

2 gröna chili finhackad

1 tsk citronsaft

Salt att smaka

Raffinerad vegetabilisk olja för stekning

Till såsen:

1 matsked smör

3 små lökar, fint hackade

4 vitlöksklyftor

4-6 tomater, finhackade

¼ tesked gurkmeja

1 tsk chilipulver

1 tsk socker

250 ml vatten

Salt att smaka

1 msk finhackade korianderblad

metod

- Knåda alla koftaingredienser utom olja till en smidig deg. Dela degen i valnötsstora bollar.
- Hetta upp olja i en kastrull. Stek bollarna på medelvärme tills de är gyllenbruna. Töm och förvara.
- Till såsen värm smöret i en gryta. Tillsätt lök och vitlök. Stek dem på medelvärme tills de är gyllenbruna.
- Tillsätt tomater, gurkmeja och chilipulver. Stek blandningen i 4-5 minuter.
- Tillsätt socker, vatten och salt. Blanda väl. Täck med lock och koka på svag värme i 6-7 minuter.
- Tillsätt stekta koftabollar. Koka på låg värme i 5-6 minuter.
- Garnera kålkoftan med korianderblad. Servera varm.

sticka

(Grön Banan Curry)

för 4 personer

Ingredienser

2 matskedar riven färsk kokos

½ tsk spiskummin

2 gröna chili

1 matsked långkornigt ris, blötlagt i 15 minuter

500 ml vatten

200 g / 7 oz grön banan, skalad och tärnad

Salt att smaka

2 teskedar kokosolja

½ tsk senapsfrön

½ tsk urad dal*

en nypa asafoetida

8-10 curryblad

metod

- Mal kokosnöt, spiskummin, grön chilipeppar och ris med 4 msk vatten till en slät pasta. Att lägga åt sidan.
- Blanda bananen med resterande vatten och salt. Koka denna blandning i en kastrull på medelhög värme i 10-12 minuter.
- Tillsätt kokos och spiskumminpasta. Koka i 2-3 minuter. Att lägga åt sidan.
- Hetta upp olja i en kastrull. Tillsätt senapsfrön, urad dhal, asafetida och curryblad. Låt dem fräsa i 30 sekunder.
- Häll denna blandning i banancurryn. Blanda väl. Servera varm.

NOTERA:*Istället för gröna mjölbananer kan du även använda vit squash eller ormkalebass.*

Paneer eller masala

för 4 personer

Ingredienser

Raffinerad vegetabilisk olja för stekning

500 g / 1 lb 2 oz paneer*, Hackad

1 stor morot, finhackad

100 g gröna bönor, finhackade

200 g frysta ärtor

3 gröna chili, malda

Salt att smaka

1 msk finhackade korianderblad

Till såsen:

1 tum ingefära rot

4 vitlöksklyftor

4 gröna chili

1 tsk spiskummin

3 matskedar smör

2 små lökar, rivna

4 tomater, mosade

1 tsk majsmjöl

300 gram yoghurt

2 teskedar socker

½ tsk garam masala

250 ml vatten

Salt att smaka

metod

- Hetta upp olja i en kastrull. Lägg till paneldelarna. Stek dem på medelvärme tills de är gyllenbruna. Häll av dem och ställ åt sidan.
- Rör ner morötter, gröna bönor och ärtor. Ånga denna blandning i en ångkokare på medelvärme i 8-10 minuter.
- Tillsätt grön chili och salt. Blanda väl. Att lägga åt sidan.
- Till såsen mal ingefära, vitlök, grön chili och spiskummin till en slät massa.
- Hetta upp smöret i en gryta. Tillsätt löken. Stek dem på medelvärme tills de blir genomskinliga.
- Tillsätt ingefära vitlökspasta och tomater. Stek ytterligare en minut.
- Tillsätt majsstärkelse, yoghurt, socker, garam masala, vatten och salt. Rör om blandningen i 4-5 minuter.

- Tillsätt ångade blandade grönsaker och stekt paneer. Blanda väl. Täck med lock och koka blandningen på låg värme i 2-3 minuter.
- Garnera paneer masala smör med korianderblad. Servera varm.

Mor Kolambu

(Blandade grönsaker i sydindisk stil)

för 4 personer

Ingredienser

2 teskedar kokosolja

2 medelstora auberginer, hackade

2 indiska trumpinnar*, Hackad

100 g / 3½ oz pumpa*, hackad

100 g okraskidor

Salt att smaka

200 gram yoghurt

250 ml vatten

10 curryblad

För kryddblandningen:

2 msk Mungo Dal*, blötlägg i 10 minuter

1 msk korianderfrön

½ tsk spiskummin

4-5 bockhornsklöverfrön

½ tsk senapsfrön

½ tsk basmatiris

2 tsk riven färsk kokos

metod

- Blanda alla ingredienserna till kryddblandningen. Att lägga åt sidan.
- Hetta upp kokosoljan i en kastrull. Tillsätt aubergine, trumpinnar, squash, okra och salt. Stek denna blandning på medelvärme i 4-5 minuter.
- Tillsätt kryddblandningen. Stek i 4-5 minuter.
- Tillsätt yoghurt och vatten. Blanda väl. Täck med lock och koka på svag värme i 7-8 minuter.
- Garnera med Mor Kolambu curryblad. Servera varm.

Aloo Gobhi aur Methi ka Tuk

(Sindi-potatis, blomkål och rölleka)

för 4 personer

Ingredienser

500 ml vatten

Salt att smaka

4 stora oskalade potatisar, skurna i 5 cm bitar

20 g färska bockhornsklöverblad

3 matskedar raffinerad vegetabilisk olja

1 msk senapsfrön

2-4 curryblad

1 msk ingefärspasta

1 tsk vitlökspasta

800 g blomkålsbuketter

1 tsk chilipulver

1 tsk amkrut*

½ tsk malen spiskummin

½ tsk grovmalen svartpeppar

En stor nypa torkade bockhornsklöverblad

2 matskedar färska granatäpplekärnor

metod

- Häll vatten i en kastrull, salta och låt koka upp.
- Tillsätt potatisen och koka tills den är mjuk. Häll av potatisen och ställ åt sidan.
- Gnid färska bockhornsklöverblad med salt för att minska deras bitterhet. Tvätta och rinna av bladen. Att lägga åt sidan.
- Hetta upp olja i en kastrull. Tillsätt senapsfrön och curryblad. Låt det puttra i 15 sekunder.
- Tillsätt ingefärspasta och vitlökspasta. Stek blandningen på medelvärme i en minut.
- Tillsätt blomkålsbuketter, chilipulver, amchoor, mald spiskummin, peppar och torkade bockhornsklöverblad. Stek ytterligare 3-4 minuter.
- Tillsätt potatis och färska bockhornsklöverblad. Sjud blandningen på låg värme i 7-8 minuter.
- Garnera med granatäpplekärnor. Servera varm.

En fågel

(Sydindiska blandade grönsaker)

för 4 personer

Ingredienser

400 g naturell yoghurt

1 tsk spiskummin

100 g / 3½ oz riven färsk kokos

Salt att smaka

4 tsk korianderblad, fint hackade

750 ml / 1¼ pint vatten

100 g / 3½ oz pumpa*, hackad

200 g / 7 oz frysta grönsaker

¼ tesked gurkmeja

4 gröna chili, skuren på längden

120 ml / 4 fl oz raffinerad vegetabilisk olja

¼ tsk senapsfrön

10 curryblad

en nypa asafoetida

2 torkade röda chili

metod

- Vispa yoghurt med spiskummin, kokos, salt, korianderblad och 250 ml vatten. Att lägga åt sidan.
- Kombinera squashen och de blandade grönsakerna i en djup kastrull med saltet, 500 ml vatten och gurkmeja. Koka denna blandning på medelvärme i 10-15 minuter. Att lägga åt sidan.
- Tillsätt yoghurtblandningen och grön chili och låt sjuda i 10 minuter, rör ofta. Att lägga åt sidan.
- Hetta upp olja i en kastrull. Tillsätt resten av ingredienserna. Låt dem fräsa i 30 sekunder.
- Häll det i grönsaksblandningen. Blanda väl. Koka på låg värme i 1-2 minuter.
- Servera varm.

Kärnmjölkscurry

för 4 personer

Ingredienser

400 gram yoghurt

250 ml vatten

3 teskedar besan*

2 gröna chili, skivade på längden

10 curryblad

Salt att smaka

1 msk ghee

½ tsk spiskummin

6 vitlöksklyftor, hackade

2 tänder

2 röda chili

en nypa asafoetida

½ tsk gurkmeja

1 tsk chilipulver

2 msk finhackade korianderblad

metod

- Blanda yoghurt, vatten och besan i en kastrull. Se till att det inte finns några klumpar.
- Tillsätt grön chili, curryblad och salt. Koka denna blandning på låg värme i 5-6 minuter, rör om då och då. Att lägga åt sidan.
- Värm ghee i en kastrull. Tillsätt spiskummin och vitlök. Stek dem på medelvärme i någon minut.
- Tillsätt kryddnejlika, röd chili, asafetida, gurkmeja och chilipulver. Blanda väl. Stek denna blandning i 1 minut.
- Häll det i yoghurtcurryn. Koka på låg värme i 4-5 minuter.
- Garnera curryn med korianderblad. Servera varm.

Blomkålsgrädde med curry

för 4 personer

Ingredienser

1 tsk spiskummin

3 gröna chili, skivade på längden

1 cm ingefärsrot, riven

150 gram ghee

500 g blomkålsbuketter

3 stora potatisar, tärnade

2 tomater, fint hackade

125 g frysta ärtor

2 teskedar socker

750 ml / 1¼ pint vatten

Salt att smaka

250 ml / 8 fl oz flytande grädde

1 tsk garam masala

25 g korianderblad, fint hackade

metod

- Mal spiskummin, grön chili och ingefära till en pasta. Att lägga åt sidan.
- Värm ghee i en kastrull. Tillsätt blomkål och potatis. Stek dem på medelvärme tills de är gyllenbruna.
- Tillsätt spiskummin och chilipasta. Stek i 2-3 minuter.
- Tillsätt tomater och ärtor. Blanda väl. Stek denna blandning i 3-4 minuter.
- Tillsätt socker, vatten, salt och grädde. Blanda väl. Täck med lock och koka på svag värme i 10-12 minuter.
- Strö garam masala och korianderblad över curryn. Servera varm.

användningen av ärter

(masala ärtor)

För 3 portioner

Ingredienser

1 matsked raffinerad vegetabilisk olja

¼ tsk senapsfrön

¼ tesked spiskummin

¼ tesked chilipulver

¼ tesked garam masala

2 gröna chili, skivade på längden

500 g / 1 lb 2 oz färska ärtor

2 matskedar vatten

Salt att smaka

1 matsked riven färsk kokos

10 g / ¼ oz korianderblad, fint hackade

metod

- Hetta upp olja i en kastrull. Tillsätt senapsfrön och spiskummin. Låt det puttra i 15 sekunder.
- Tillsätt chilipulver, garam masala och grön chili. Stek blandningen på medelvärme i en minut.
- Tillsätt ärtor, vatten och salt. Blanda väl. Koka blandningen på låg värme i 7-8 minuter.
- Garnera med kokos och korianderblad. Servera varm.

Hej Posto

(potatis med vallmofrön)

för 4 personer

Ingredienser

2 matskedar senapsolja

1 tsk spiskummin

4 msk vallmofrön, malda

4 hackade gröna chili

½ tsk gurkmeja

Salt att smaka

6 potatisar, kokta och hackade

2 msk finhackade korianderblad

metod

- Hetta upp olja i en kastrull. Tillsätt spiskummin. Låt det puttra i 15 sekunder.
- Tillsätt malda vallmofrön, grön chili, gurkmeja och salt. Stek blandningen i några sekunder.
- Tillsätt potatisen. Blanda väl. Stek blandningen i 3-4 minuter.
- Garnera med korianderblad. Servera varm.

Gröna kräksjuka

(paner i spenatsås)

för 4 personer

Ingredienser

1 matsked raffinerad vegetabilisk olja

50 g paneer*, i kuber

1 tsk spiskummin

1 grön chili, skivad på längden

1 liten lök finhackad

200 g spenat, ångad och finhackad

1 tsk citronsaft

socker efter smak

Salt att smaka

metod

- Hetta upp olja i en kastrull. Tillsätt paneer och stek tills den är gyllenbrun. Töm och förvara.
- Tillsätt spiskummin, grön chili och lök i samma olja. Stek dem på medelvärme tills löken blir gyllene.
- Tillsätt resten av ingredienserna. Blanda blandningen väl. Koka i 5 minuter.
- Låt denna blandning svalna en stund. Mal till en grov pasta i en matberedare.
- Lägg i en kastrull och lägg i de stekta paneerbitarna. Rör om försiktigt. Koka på låg värme i 3-4 minuter. Servera varm.

döda Paneer

(ärtor och paneer)

för 4 personer

Ingredienser

1½ matskedar ghee

Paneer 250g / 9oz*, Hackad

2 lagerblad

½ tsk chilipulver

¼ tesked gurkmeja

1 tsk mald koriander

½ tsk malen spiskummin

400 gram kokta ärtor

2 stora tomater, blancherade

5 cashewnötter, malda till en pasta

2 matskedar grekisk yoghurt

Salt att smaka

metod

- Värm hälften av ghee i en kastrull. Tillsätt paneerbitar och stek på medelvärme tills de är gyllenbruna. Att lägga åt sidan.
- Värm resterande ghee i en kastrull. Tillsätt lagerblad, chilipulver, gurkmeja, koriander och spiskummin. Låt dem fräsa i 30 sekunder.
- Tillsätt ärtor och tomater. Stek i 2-3 minuter.
- Tillsätt cashewpasta, yoghurt, salt och stekta paneerbitar. Blanda väl. Låt blandningen sjuda i 10 minuter, rör om då och då. Servera varm.

Dahi Karela

(Bitter kalebass stekt i yoghurt)

för 4 personer

Ingredienser

250 g / 9 oz bitter kalebass*, skala och skär på längden

Salt att smaka

1 tsk amkrut*

2 msk raffinerad vegetabilisk olja, plus för stekning

2 stora lökar, fint hackade

½ tsk vitlökspasta

½ tsk ingefärspasta

400 gram yoghurt

1½ tsk mald koriander

1 tsk chilipulver

½ tsk gurkmeja

½ tsk garam masala

250 ml vatten

metod

- Marinera den beska kalebassen med salt och låt stå i en timme. Hetta upp olja i en gryta för stekning. Tillsätt pumpa. Stek på medelvärme tills de är gyllenbruna. Töm och förvara.
- Hetta upp 2 matskedar olja i en kastrull. Tillsätt lök, vitlökspasta och ingefärspasta. Stek på medelvärme tills löken är gyllenbrun.
- Tillsätt resten av ingredienserna och den beska kalebassen. Blanda väl. Koka blandningen på låg värme i 7-8 minuter. Servera varm.

Tomatcurry med grönsaker

för 4 personer

Ingredienser

3 matskedar raffinerad vegetabilisk olja

En nypa senapsfrön

En nypa spiskummin

en nypa asafoetida

8 curryblad

4 gröna chili finhackad

200 g / 7 oz frysta grönsaker

750 g mosade tomater

4 matskedar bönor*

Salt att smaka

metod

- Hetta upp olja i en kastrull. Tillsätt senapsfrön, spiskummin, asafetida, curryblad och chili. Låt det puttra i 15 sekunder.
- Tillsätt grönsaker, tomatpuré, besan och salt. Blanda väl. Sjud på låg värme i 8-10 minuter, rör om då och då. Servera varm.

Doodhi med Chana Dhal

(Flaska kalebass i Gram Dhal)

för 4 personer

Ingredienser

1 tesked raffinerad vegetabilisk olja

¼ tsk senapsfrön

500 g / 1 lb 2 oz flaska kalebass*, i kuber

1 matsked Chana Dahal*, blötlägg i 1 timme och låt rinna av

2 tomater, fint hackade

en nypa gurkmeja

2 teskedar farinsocker*, riven

½ tsk chilipulver

Salt att smaka

120 ml vatten

10 g / ¼ oz korianderblad, fint hackade

metod

- Hetta upp olja i en kastrull. Tillsätt senapsfrön. Låt det puttra i 15 sekunder.
- Tillsätt resten av ingredienserna förutom vattnet och korianderbladen. Blanda väl. Stek i 4-5 minuter. Lägg till vatten. Koka på låg värme i 30 minuter.
- Garnera med korianderblad. Servera varm.

Tomat Chi Bhaji*

(tomat curry)

för 4 personer

Ingredienser

250 g rostade jordnötter

3 gröna chili

6 stora tomater, blancherade och skivade

1½ msk tamarindpasta

1 matsked farinsocker*, riven

1 tsk garam masala

1 tsk malen spiskummin

½ tsk chilipulver

Salt att smaka

1 msk finhackade korianderblad

metod

- Mal jordnötterna och grön chili till en slät pasta.
- Blanda i resten av ingredienserna, förutom korianderbladen. Koka denna blandning i en kastrull på medelhög värme i 5-6 minuter.
- Garnera bhaji med korianderblad. Servera varm.

torkad potatis

för 4 personer

Ingredienser

1 matsked raffinerad vegetabilisk olja

½ tsk senapsfrön

3 gröna chili, skivade på längden

8-10 curryblad

¼ tesked Asantida

¼ tesked gurkmeja

Salt att smaka

500 g potatis, kokt och hackad

10 g / ¼ oz korianderblad, fint hackade

metod

- Hetta upp olja i en kastrull. Tillsätt senapsfrön. Låt det puttra i 15 sekunder.
- Tillsätt grön chili, curryblad, asafetida, gurkmeja och salt. Stek denna blandning på medelvärme i en minut.
- Tillsätt potatisen. Blanda väl. Täck över och koka i 5 minuter.

- Garnera potatisblandningen med korianderblad. Servera varm.

Fylld okra

för 4 personer

Ingredienser

1 msk mald koriander

6 vitlöksklyftor

50g / 1¾oz färsk kokos, fint riven

1 cm ingefärsrot

4 gröna chili

6 matskedar bönor*

1 stor lök, finhackad

1 tsk malen spiskummin

½ tsk chilipulver

½ tsk gurkmeja

Salt att smaka

750 g stor okra, halverad

60 ml / 2 fl oz raffinerad vegetabilisk olja

metod

- Mal koriander, vitlök, kokos, ingefära och grön chili till en slät pasta. Blanda denna pasta med resten av ingredienserna förutom okran och oljan.
- Fyll okran med denna blandning.
- Hetta upp olja i en panna. Tillsätt fylld okra. Stek på medelvärme tills de är gyllenbruna, vänd då och då. Servera varm.

Masala Okra

för 4 personer

Ingredienser

2 matskedar raffinerad vegetabilisk olja

2 vitlöksklyftor finhackad

½ tsk chilipulver

¼ tesked gurkmeja

½ tsk mald koriander

½ tsk malen spiskummin

600 g okra, hackad

Salt att smaka

metod

- Hetta upp olja i en kastrull. Tillsätt vitlök. Stek på medelvärme tills de är gyllenbruna. Tillsätt resterande ingredienser förutom okra och salt. Blanda väl. Stek denna blandning i 1-2 minuter.
- Tillsätt okra och salt. Sjud blandningen på låg värme i 3-4 minuter. Servera varm.

bara döda

(Curry med grön paprika och ärtor)

för 4 personer

Ingredienser

2 matskedar raffinerad vegetabilisk olja

3 små lökar, fint hackade

2 gröna chili finhackad

1 tsk ingefärspasta

1 tsk vitlökspasta

2 stora gröna paprikor, hackade

600 g frysta ärtor

250 ml vatten

Salt att smaka

1 matsked riven färsk kokos

½ tsk mald kanel

metod

- Hetta upp olja i en kastrull. Tillsätt löken. Stek dem på medelvärme tills de är gyllenbruna.
- Tillsätt grön chili, ingefärspasta och vitlökspasta. Stek i 1-2 minuter.
- Tillsätt paprika och ärtor. Stek i ytterligare 5 minuter.
- Tillsätt vatten och salt. Blanda väl. Täck med lock och koka på svag värme i 8-10 minuter.
- Garnera med kokos och kanel. Servera varm.

Gröna bönor

för 4 personer

Ingredienser

3 matskedar raffinerad vegetabilisk olja

¼ tesked spiskummin

¼ tesked gurkmeja

½ tsk chilipulver

1 tsk mald koriander

1 tsk malen spiskummin

1 tsk socker

Salt att smaka

500 g franska bönor, finhackade

120 ml vatten

metod

- Hetta upp olja i en kastrull. Tillsätt spiskummin och gurkmeja. Låt det puttra i 15 sekunder.
- Tillsätt resten av ingredienserna förutom vattnet. Blanda väl.
- Lägg till vatten. Täck med ett lock. Koka på låg värme i 10-12 minuter. Servera varm.

Masala trumpinnar

för 4 personer

Ingredienser

2 matskedar raffinerad vegetabilisk olja

2 små lökar, fint hackade

½ tsk ingefärspasta

1 tomat, finhackad

1 grön chili finhackad

1 tsk malen spiskummin

1 tsk mald koriander

½ tsk gurkmeja

¾ tsk chilipulver

4 indiska trumpinnar*, skär i 5 cm bitar

Salt att smaka

250 ml vatten

1 msk finhackade korianderblad

metod

- Hetta upp olja i en kastrull. Tillsätt lök och ingefärspasta. Stek dem på medelvärme tills löken blir genomskinlig.
- Tillsätt resten av ingredienserna förutom vattnet och korianderbladen. Blanda väl. Stek i 5 minuter. Lägg till vatten. Blanda väl. Täck med ett lock. Koka på låg värme i 10-15 minuter.
- Garnera masalan med korianderblad. Servera varm.

Torka kryddig potatis

för 4 personer

Ingredienser

750 g potatis, kokt och hackad

½ tsk chaat masala*

½ tsk chilipulver

¼ tesked gurkmeja

3 matskedar raffinerad vegetabilisk olja

1 tsk vit sesam

2 torkade röda chili, i fjärdedelar

Salt att smaka

½ tesked mald spiskummin, torrrostad

10 g / ¼ oz korianderblad, fint hackade

Saften av ½ citron

metod

- Kasta potatisen med chaat masala, chilipulver och gurkmeja tills kryddorna täcker potatisen. Att lägga åt sidan.
- Hetta upp olja i en kastrull. Tillsätt sesamfrön och röd chili. Låt det puttra i 15 sekunder.
- Tillsätt potatis och salt. Blanda väl. Koka på låg värme i 7-8 minuter. Fördela resten av ingredienserna ovanpå. Servera varm.

Khatte Palak

(kryddig spenat)

för 4 personer

Ingredienser

3 matskedar raffinerad vegetabilisk olja

1 stor lök, riven

½ tsk ingefärspasta

½ tsk vitlökspasta

400 g finhackad spenat

2 gröna chili finhackad

½ tsk gurkmeja

1 tsk malen spiskummin

Salt att smaka

125 g yoghurt, vispad

metod

- Hetta upp olja i en kastrull. Tillsätt lök, ingefärspasta och vitlökspasta. Stek denna blandning på medelvärme tills löken är genomskinlig.
- Tillsätt resten av ingredienserna förutom yoghurten. Blanda väl. Koka på låg värme i 7-8 minuter.
- Tillsätt yoghurt. Blanda väl. Koka på låg värme i 4-5 minuter. Servera varm.

www.ingramcontent.com/pod-product-compliance
Lightning Source LLC
Chambersburg PA
CBHW071434080526
44587CB00014B/1846